GREVISSE

LANGUE FRANÇAISE

W0358003

1re

Cahier de grammaire

Sous la direction de :

JEAN-CHRISTOPHE PELLAT
Professeur émérite de linguistique française
Université de Strasbourg (67)

ARIANE CARRÈRE
Professeure de Lettres
Collège Antoine de Saint-Exupéry
Vanves (92)

MYRIAM DUFOUR
Professeure de Lettres
Collège Jean Jaurès (REP)
Lomme (59)

VALENTIN RIETZ
Professeur de Lettres
Lycée Le Gymnase
Lucie Berger – Jean Sturm
Professeur-formateur à l'INSPE
Strasbourg (67)

MAUD VARBÉDIAN
Professeure de Lettres
Collège Antoine de Saint-Exupéry
Rosny-sous-Bois (93)

Les auteurs et les éditions Magnard remercient vivement tous les enseignants ayant participé aux études menées sur ce manuel et plus particulièrement : E. Balavoine (Toulouse, 31) ; S. Ben Nassr (Pavant, 02) ; Y. Boublil (Paris, 75) ; A-S. de Ravinel Mornet (Saint-Dizier, 52) ; M-A. Delalande (Montigny-le-Bretonneux, 78) ; B. Derouin (Concarneau, 29) ; S. Giordano (Cannes, 06) ; S. Larduinat Descout (Allonnes, 72) ; A. Lauriol (Thiers, 63) ; C. Letellier (Soissons, 02) ; C. Macé (Menton, 06) ; V. Morand (Toulon, 83) ; C. Nier (Charbonnières-les-Bains, 69) ; M. Noel (Castelsarrasin, 82) ; E. Pinto (Paris, 75) ; E. Thomas (Laval, 53) ; M. Zaber (Saint-Maur-des-Fossés, 94).

MAGNARD

Sommaire

LES CLASSES ET LES FONCTIONS GRAMMATICALES

1 Les classes grammaticales ... rappel 2de 4
2 Les fonctions grammaticales ... rappel 2de 5

LES ACCORDS

3 Les accords dans le groupe nominal ... rappel 2de 6
4 Les accords entre le sujet et le verbe ... rappel 2de 7
5 Les accords du participe passé avec et sans auxiliaire ... rappel 2de 8
6 Le participe passé des verbes pronominaux ... rappel 2de 9
Bilan ... rappel 2de 10

LE VERBE

7 Les modes et les temps ... rappel 2de 12
8 Les valeurs des temps de l'indicatif ... rappel 2de 14
9 La concordance des temps à l'indicatif ... rappel 2de 15
10 La concordance des temps au subjonctif ... rappel 2de 16
11 La voix active et la voix passive ... rappel 2de 17
Bilan ... rappel 2de 18

LA PHRASE

Les relations au sein de la phrase complexe

12 Phrase simple, phrase complexe ... rappel 2de 20
13 Juxtaposition, coordination, subordination ... rappel 2de 21
Bilan ... rappel 2de 22

Les propositions subordonnées et les relations logiques

14 Les subordonnées relatives ... rappel 2de 24
15 Les subordonnées conjonctive et interrogative indirecte ... 25
16 Les subordonnées circonstancielles de temps ... 26
17 Les subordonnées circonstancielles de cause, de conséquence et de but ... 27
18 Les subordonnées circonstancielles de condition ... 28
19 Les subordonnées circonstancielles d'opposition et de concession ... 29
20 Les subordonnées circonstancielles de comparaison ... 30
21 Les subordonnées infinitive et participiale ... 31
Bilan ... 32

L'INTERROGATION

22 L'interrogation directe totale ... 34
23 L'interrogation directe partielle ... 35
24 L'interrogation indirecte ... 36
25 La pragmatique de l'interrogation ... 37
Bilan ... 38

L'EXPRESSION DE LA NÉGATION

26 La phrase négative 40
27 La négation lexicale 42
28 La pragmatique de la négation 43
Bilan 44

LE TEXTE ET LE DISCOURS

29 L'énonciation et la modalisation .... rappel 2de 46
30 Les discours rapportés .... rappel 2de 48
Bilan .... rappel 2de 50

LE LEXIQUE

31 La formation des mots (dérivation, conversion, composition) .... rappel 2de 52
32 Les relations de sens entre les mots .... rappel 2de 54
Bilan .... rappel 2de 56

LES FIGURES DE STYLE

33 Les figures de construction .... rappel 2de 58
34 Les figures de ressemblance et de correspondance .... rappel 2de 59
35 Les figures d'amplification .... rappel 2de 60
36 Les figures d'opposition et d'atténuation .... rappel 2de 61
Bilan .... rappel 2de 62

LES OUTILS DE L'ANALYSE LITTERAIRE

37 Le récit 64
38 Le théâtre 65
39 La poésie 66
40 La littérature d'idées 67

BAC : répondre à la question de grammaire

Méthode 68
Sujets types 71

- Corrigés 78

- Distinguer les tonalités littéraires 80
- Substituer, déplacer, supprimer, ajouter pour analyser un fait de langue .... **verso 1 de couverture**
- Analyser la phrase complexe .... **verso 2 de couverture**

LES + NUMÉRIQUES
- **des vidéos pour réviser**
- **des exercices interactifs pour s'entraîner**
- **des mises en situation d'élèves pour préparer le BAC**

Les classes grammaticales

→ Corrigé de l'exercice 1 p. 78

Les mots variables (qui varient en genre, en nombre parfois en personne)		
Nom (commun ou propre)		aparté, ode, soliloque, ellipse ...
		Manon, Dorante, Gargantua...
Déterminant	articles définis / définis contractés / indéfinis / partitifs	le, la, les, l' / du, des, au, aux / un, une, des / du, de la, des
	déterminants démonstratifs / possessifs / numéraux / indéfinis / interrogatifs ou exclamatifs	ce, cet, cette, ces / mon, tes, sa, notre, leur... / un, deux, cent, mille... / tout, aucune, plusieurs, quelques... / quel, quelle, quels, quelles...
Adjectif		ravissant, tendres, fort, puissantes, vif...
Pronom	pronoms personnels / possessifs / démonstratifs / indéfinis / interrogatifs / relatifs	je, te, elle, lui, nous, leur... / le mien, la sienne, les vôtres, le leur... / ce, celui-ci, celle-là, cela... / tout, nul, certaine, certains... / qui ?, laquelle ?, lequel ?... / qui, que, quoi, dont, où, lequel, laquelle...
Verbe		être, se fier, chanta, deviens, agira, prendrait, a mis...
Les mots invariables (qui ne changent pas d'orthographe)		
Adverbe		là, très, bientôt, gentiment...
Préposition		à, dans, par, malgré, grâce à, faute de...
Conjonction (de coordination / de subordination)		mais, ou, et, or, ni, car / que, quand, comme, si, puisque...
Interjection		ah !, aïe !, zut !, hélas !, oups !, hé !, pssst !...

→ Un mot peut appartenir à des **classes grammaticales** différentes selon le contexte.

→ Les locutions, faites de plusieurs mots, forment une unité lexicale ; elles appartiennent à la classe du mot qu'on peut leur substituer. On distingue les locutions adverbiales, prépositionnelles et conjonctives.

Exemples *au milieu de* (locution prépositionnelle) = *dans* (préposition) ; *à condition que* (locution conjonctive) = *si* (conjonction).

→ On distingue aussi les groupes : nominal, adjectival, verbal, prépositionnel, adverbial, infinitif et participial.

1 * **Précisez la nature des locutions soulignées.**

a. L'amour n'est peut-être que la propagation de ces remous qui, à la suite d'une émotion, émeuvent l'âme. (**M. Proust**)

....

b. Le mérite des hommes a sa saison aussi bien que les fruits. (**La Rochefoucauld**)

....

c. On n'a pas besoin de voir la signature, on reconnaît tout de suite que c'est de lui. (**M. Proust**)

....

2 ** **a. Classez les mots en gras selon qu'ils sont variables ou invariables en précisant leur classe grammaticale. b. Soulignez une locution adverbiale.**

– Est-ce que **cela** vous amuse ? dit-il en se penchant sur elle de si près **que** la pointe de **sa** moustache lui effleura la **joue**.
Elle répondit **nonchalamment** :
– **Oh !** mon Dieu… non ! pas beaucoup.
Alors il **fit** la proposition de sortir du théâtre, **pour** aller prendre des glaces quelque part.

Gustave Flaubert, *Madame Bovary*, 1857.

....

....

....

Les fonctions grammaticales

→ Corrigé de l'exercice 3 p. 78

Fonctions liées au nom	Épithète	*Les* ***Fausses*** *Confidences*
	Complément du nom	*L'Île* ***des esclaves***
	Complément de l'antécédent	« C'est l'air du pays **qui fait cela**. » (Marivaux)
	Apposition	Marivaux, **l'auteur de *L'Île des esclaves***, est contemporain de Voltaire.
liée à l'adjectif	Complément de l'adjectif	« Êtes-vous content **d'Arlequin** ? » (Marivaux)
liées au verbe	Sujet	« **Je** ne vois personne. » (*Ibid.*)
	Attribut du sujet	« N'es-tu plus **mon esclave** ? » (*Ibid.*)
	Complément d'objet direct (COD)	« Je **vous** guettais. » (*Ibid.*)
	Attribut du COD	« Vous trouvez aussi le portrait un peu **risible**, n'est-ce pas ? » (Marivaux)
	Complément d'objet indirect (COI)	« Allons, ne ressemblez-vous pas **au portrait qu'on a fait** ? » (*Ibid.*)
	Complément d'agent	« Elle me répondit ingénument qu'elle y était envoyée **par ses parents** pour être religieuse. » (Abbé Prévost)
liées à la phrase	Complément circonstanciel (CC)	« Ma fille m'avait prié d'aller solliciter une affaire **au Parlement de Normandie** [lieu] **pour la succession de quelques terres** [but]. » (*Ibid.*)
	Apostrophe	« **Chère Manon** ! tu es trop adorable pour une créature. » (*Ibid.*)

3 * **Classez les groupes introduits par *de* selon leur fonction.**

J'ai reçu une lettre de ton neveu Rhédi : il me mande qu'il quitte Smyrne, dans le dessein de voir l'Italie ; que l'unique but de son voyage est de s'instruire, et de se rendre par là plus digne de toi. Je te félicite d'avoir un neveu qui sera quelque jour la consolation de ta vieillesse.

Montesquieu, *Lettres persanes*, XXV, 1721.

Compléments du nom : ....

....

Attributs du sujet : ....

Compléments de l'adjectif : ....

COI : ....

4 ** **Indiquez la fonction des mots ou groupes de mots soulignés.**

« Ah Dieux ! m'écriai-je, vous pleurez, ma chère Manon : vous êtes affligée jusqu'à pleurer, et vous ne me dites pas un seul mot de vos peines ! » Elle ne me répondit que par quelques soupirs, qui augmentèrent mon inquiétude. Je me levai en tremblant ; je la conjurai avec tous les empressements de l'amour de me découvrir le sujet de ses pleurs ; j'en versai moi-même en essuyant les siens ; j'étais plus mort que vif. Un barbare aurait été attendri des témoignages de ma douleur et de ma crainte.

Abbé Prévost, *Manon Lescaut*, 1731.

....

....

....

....

....

....

Les accords dans le groupe nominal

→ Dans le **groupe nominal**, le **déterminant** s'accorde en **genre** et en **nombre** avec le **nom**.

Exemples **une** pièce de théâtre, **des** pièces de théâtre, **un** drame, **la** comédie, **quelles** tragédies !

→ Certains **déterminants indéfinis** ont des usages particuliers :
1. ***Aucun***, ***aucune*** et ***chaque*** ne varient jamais en nombre.
2. ***Quelque***, ***quelques*** n'ont pas le même sens au singulier *(un)* et au pluriel *(plusieurs)*.
3. ***Tout*** peut être déterminant singulier, au sens de *chaque*, ou prédéterminant, au singulier ou au pluriel, devant un autre déterminant au sens de *la totalité de*.

Exemples **1. Aucun** éloge, **chaque** ode. **2.** Il a écrit **quelques** poèmes (= plusieurs poèmes). Ce soir-là, il écrivit **quelque** poème (= un poème). **3. Toute la** littérature, **tous les** mouvements littéraires et culturels, **tout** auteur, **toute** autrice, **tous les** auteurs et **toutes les** autrices.

→ Dans le **groupe nominal étendu**, l'**adjectif** épithète ou apposé s'accorde généralement en **genre** et en **nombre** avec le nom qu'il qualifie.

Exemples « La ville, **chaude** comme une étuve », « la nuit **étouffante** ». **(G. de Maupassant)**

→ Les **adjectifs de couleur** s'accordent sauf lorsqu'ils sont composés (*bleu clair, bleu nuit*...) ou lorsqu'ils proviennent d'un nom commun (*carmin, crème, indigo, marron, noisette, orange, prune, sépia, turquoise, vermillon*), à l'exception de *rose, mauve, fauve, pourpre, écarlate* qui peuvent prendre la marque du pluriel.

Exemples « Elle était grande, blanche, les yeux **bleu foncé**, la bouche **rose**... » **(P. Mérimée)** « ses yeux **orange** ». **(H. de Balzac)**
Mais « Les bois que l'on traverse se fleurissent déjà de crocus **mauves**. » **(A. Gide)**

Le groupe nominal : déterminant — (adjectif) — nom noyau — (adjectif)

accord en genre et en nombre avec le nom

5 ** **Accordez les adjectifs si nécessaire.**

Or, si cela leur semblait plus adéquat, selon les fêtes et le temps qu'il faisait, elles portaient des tuniques (*satiné*) ...., (*damassé*) ...., (*orange*) ...., (*tanné*) ...., (*vert*) ...., (*cendré*) ...., (*jaune clair*) ...., (*rouge*) ...., (*fauve*) ...., (*cramoisi*) ...., (*blanc*) ....

D'après **François Rabelais**, *Gargantua*, 1534.

6 *** Vers le BAC **Expliquez les accords des adjectifs soulignés.**

Animé d'une curiosité bien légitime, il se pencha pour regarder la peau de chagrin alternativement sous toutes les faces, et découvrit bientôt une cause naturelle à cette singulière lucidité : les grains noirs du chagrin étaient si soigneusement polis et si bien brunis, les rayures capricieuses en étaient si propres et si nettes que, pareilles à des facettes de grenat, les aspérités de ce cuir oriental formaient autant de petits foyers qui réfléchissaient vivement la lumière.

Honoré de Balzac, *La Peau de chagrin*, 1831.

....

....

....

....

....

....

Les accords entre le sujet et le verbe

→ Corrigé de l'exercice 7 p. 78

Le **verbe** à un mode personnel **s'accorde** en **personne** et en **nombre** avec le **sujet** qui peut être un nom, un groupe nominal, un pronom, un verbe à l'infinitif, une proposition subordonnée relative ou conjonctive.
Le sujet peut être **placé avant ou après le verbe**.

Exemple « Vienne la nuit, sonne l'heure, les jours s'en **vont**, je demeure. » **(G. Apollinaire)**

→ On hésite parfois sur l'accord du verbe avec certains **sujets particuliers** :

1. si les différents sujets sont résumés par un pronom, l'accord se fait au singulier ;

2. si le sujet correspond à **différentes personnes**, l'accord se fait au pluriel, et la 1re personne l'emporte sur les 2e et 3e, la 2e personne l'emporte sur la 3e.

3. si le sujet est le **pronom relatif *qui***, l'accord se fait en personne et en nombre avec l'antécédent.

4. Quand le sujet est un **nom collectif singulier** (*une multitude de, une foule de, la moitié de...* + nom pluriel), le verbe s'accorde au singulier ou au pluriel, au choix, mais il s'accorde toujours au pluriel avec *la plupart de, peu de...*

Exemples **1.** « Et la terre, et le ciel, et l'âme,/Tout **gémit**. » **(A. de Lamartine)**
2. « Vous, Cosette et moi **aurions** été trois têtes dans le bonnet vert. » **(V. Hugo)**
3. « Songe à ce que serait pour ton ouïe,/toi qui **es** à l'écoute de la nuit,/ une très lente neige/de cristal. » **(P. Jaccottet)**
4. « Cette foule de têtes couvri**ra** la place. » **(V. Hugo)** « Une foule de gens vous dir**ont** que l'on ne fait pas son chemin par les sentiments. » **(H. de Balzac)**

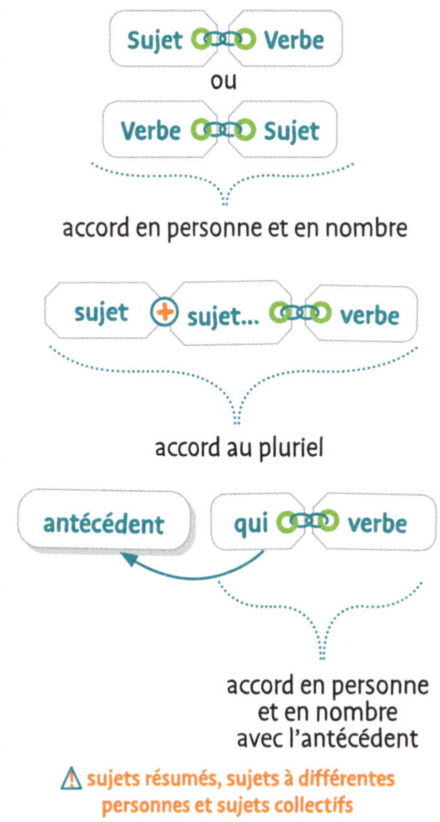

7 * **Entourez le sujet de chaque verbe. Mettez chaque verbe au présent de l'indicatif.**

a. Chaque enfant qu'on (*enseigner*) .... est un homme qu'on (*gagner*) ....

b. Faute d'enseignement, on (*jeter*) .... dans l'état des hommes animaux, têtes inachevées, tristes instincts qui (*aller*) .... les prunelles crevées, aveugles effrayants, qui (*marcher*) .... à tâtons dans le monde moral.

c. Songeons-y bien, l'école en or (*changer*) .... le cuivre, tandis que l'ignorance en plomb (*transformer*) .... l'or.

D'après **Victor Hugo**, *Les Quatre vents de l'esprit*, 1881.

8 ** Vers le BAC **Justifiez l'accord du verbe souligné avec son sujet.**

TIMAGÈNE, *à Arthénice*. – Madame, on vient d'apercevoir une foule innombrable de Sauvages qui descendent dans la plaine pour nous attaquer.

Marivaux, *La Colonie*, 1750.

....

....

....

....

9 *** Vers le BAC **Justifiez l'orthographe de *vis*, *fixes* et *retires*.**

Les villes du Midi répondirent alors
Noble Paris seule raison qui vis encore
Qui fixes notre humeur selon ta destinée
Et toi qui te retires Méditerranée
Partagez-vous nos corps comme on rompt des hosties

G. Apollinaire, « Vendémiaire », *Alcools*, 1913.

....

....

....

Les accords du participe passé avec et sans auxiliaire

→ Corrigé de l'exercice 10 p. 78

Le **participe passé** employé **sans auxiliaire s'accorde** comme un **adjectif**, en **genre** et en **nombre** avec le mot auquel il se rapporte.

Exemple Manon, **effrayée**, vint vers moi.

→ Employé avec l'auxiliaire *être*, le participe passé s'accorde en genre et en nombre avec le sujet.

Exemple Manon **était occupée** à lire.

→ Employé avec l'auxiliaire *avoir*, le participe passé :
1. ne s'accorde pas avec le sujet ; **2.** reste invariable si le pronom « en » est COD ;
3. s'accorde en genre et en nombre avec le COD placé avant le verbe.

Exemples **1.** Des Grieux **a rencontré** Manon. **2.** Des lettres, il lui en **a écrit** beaucoup.
3. Manon, il l'**a aimée**.

→ Si le participe passé est suivi d'un infinitif et si le COD du verbe principal est aussi le sujet de cet infinitif, le participe passé s'accorde avec lui.

Exemples La cantatrice que j'**ai entendue** chanter avait une voix sublime. (que : sujet de *chanter*)

Les airs que j'**ai entendu** Renée Fleming chanter... (que : COD de *chanter*)

Je les **ai fait** chercher partout. (les : COD de *chercher*)

⚠ participe passé suivi d'un infinitif

10 * **Accordez chaque participe passé souligné si nécessaire.**

Je suis venu trop tard dans un monde trop vieux.
D'un siècle sans espoir naît un siècle sans crainte ;
Les comètes du nôtre ont dépeuplé..... les cieux.
Maintenant le hasard promène au sein des ombres
De leurs illusions les mondes réveillé... ;
L'esprit des temps passé..., errant sur leurs décombres,
Jette au gouffre éternel les anges mutilé...

Alfred de Musset, « Rolla », *Poésies nouvelles*, 1836-1852.

11 ** **Remplacez le passé simple et les présents par le passé composé. Faites les accords.**

Le flux les[1] apporta ; le reflux les remporte,
Cependant que leurs rois, engagés parmi nous,
Et quelque peu des leurs, tous percés de nos coups,
Disputent vaillamment et vendent bien leur vie.
À se rendre moi-même en vain je les convie.

1. Les Maures.

Pierre Corneille, *Le Cid*, 1637.

....

....

....

12 *** Vers le BAC **Justifiez les non accords du participe passé dans le texte suivant.**

Vos plaisanteries ont détruit de fécondes illusions [...]. Toi seul, mon cher Émile, as calmé la plaie profonde que d'autres firent à mon cœur ! Toi seul admiras ma *Théorie de la volonté*, ce long ouvrage pour lequel j'avais appris les langues orientales[...].

Honoré de Balzac, *La Peau de chagrin*, 1831.

....

....

....

Le participe passé des verbes pronominaux

→ Corrigé de l'exercice 13 p. 78

Le participe passé des **verbes essentiellement pronominaux** et des **constructions pronominales passives** s'accorde toujours avec le sujet.

Exemple « Sans cesse arrêtée dans ses expansions, mon âme **s'était repliée** sur elle-même. » (**H. de Balzac**)

→ Le participe passé des **constructions réfléchies** (1) ou **réciproques** (2) s'accorde avec le pronom réfléchi si celui-ci est complément d'objet direct.

Exemples 1. Elle **s'est lavée**. *Mais* Elle **s'est lavé** les mains.
(s' : COD ; s' : COI ; les mains : COD)

2. « Le silence et le tumulte **s'étaient** bizarrement **accouplés**. » (**H. de Balzac**)
Mais « Certaines femmes trouvent du plaisir à nous déchirer le cœur, quand elles **se sont promis** d'y enfoncer un poignard. » (***Ibid.***)
(se : COI)

→ Si un COD autre que le réfléchi est placé avant le verbe, le participe passé s'accorde avec ce COD :

Exemple Les injures qu'ils se **sont dites**.
(Les injures qu' : COD de *dire*)

→ Le participe passé de quatre verbes est invariable : *se rire, se plaire, se déplaire, se complaire.*

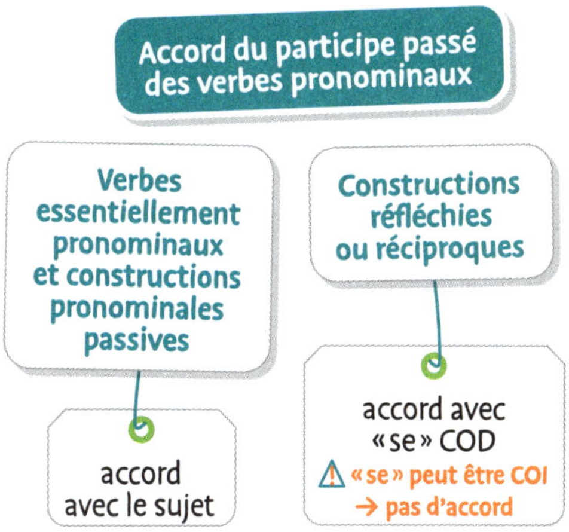

13 * Accordez chaque participe passé si nécessaire.

a. Nous nous sommes donné.... du bon temps. (**A. Dhôtel**)
b. Vers dix heures du matin, la brume s'était dissipé.....
c. Les mâts se sont effondré.....
d. Mes bras se sont détendu.... sans perdre une fraction de seconde. (**R. Boisset**)
e. Elles se sont acheté..... de nouveaux romans.

14 ** Accordez chaque participe passé si nécessaire, puis expliquez vos réponses pour les phrases c. et d.

a. Voilà, ajouta Manon, de quelle manière les choses se sont passé.......
b. Ma bourse s'est épuisé...... en peu de temps.
c. C'était un amusement qu'elle s'était donné..... plusieurs fois.
d. Le secours du Ciel s'est joint..... à mes réflexions.
e. La justice s'est joint...... en votre faveur à l'amitié.

Abbé Prévost, *Manon Lescaut*, 1731.

15 * Vers le BAC Mettez les verbes soulignés au passé composé. Justifiez les accords et non accords.**

Quelques jeunes personnes ne <u>connaissent</u> point assez les avantages d'une heureuse nature et combien il leur serait utile de s'y abandonner ; elles <u>affaiblissent</u> ces dons du Ciel si rares et si fragiles par des manières affectées et par une mauvaise imitation ; leur son de voix et leur démarche sont empruntés ; elles se <u>composent</u>, elles se <u>recherchent</u>, <u>regardent</u> dans un miroir si elles s'<u>éloignent</u> assez de leur naturel : ce n'est pas sans peine qu'elles plaisent moins.

Jean de La Bruyère, *Les Caractères*, 1687.

Les accords

vidéo mémo www.lienmini.fr/grev-011

exercices interactifs www.lienmini.fr/grev-022

16 * Soulignez les verbes à un mode personnel et entourez leur sujet.

Mais un profond coquillage
Dont le son veille, caché,
D'âge en âge attend l'oreille
Qui finit par s'approcher.

Et l'homme qui le rencontre
Écoutant ce bruit lointain
Dévide au fond de la conque
L'invisible fil marin.

L'oreille, conque elle-même,
Aboutissant au cerveau
Va des profondeurs humaines
Au maritime écheveau

Et compare sur la plage
Le dehors et le dedans
Cependant que l'océan
Toujours change de pelage.

Jules Supervielle, « Le coquillage et l'oreille », *La Fable du monde*, © Éditions Gallimard, 1938.

17 ** Faites les accords si nécessaire.

Les viveurs étaient des gens presque tou.. doué.... de facultés éminent.....; quelques-uns les ont perdu...... dans cette vie énervante, quelque.. autre.. y ont résisté... Le plus célèbre de ces viveur.., le plus spirituel, Rastignac, a fini.. par entrer, conduit.. par de Marsay, dans une carrière sérieuse où il s'est distingué...... Les plaisanteries auxquelles ces jeunes gens se sont livré.. sont devenu..... si fameus..... qu'elles ont fourni... le sujet de plusieurs vaudevilles. Lucien lancé... par Blondet dans cette société de dissipateur.., y brilla près de Bixiou, l'un des esprits le.. plus méchant.. et le... plus infatigable... railleur de ce temps. Pendant tout... l'hiver, la vie de Lucien fut donc une longue ivresse coupé... par les facile.. travaux du journalisme; il continua la série de ses petit.... article...., et fit des effort... énorme.. pour produire de temps en temps quelque.. belle..... page.... de critique fortement pensé....

Honoré de Balzac, *Illusions perdues*, 1837.

18 ** **a.** **Dans ce passage, identifiez trois adjectifs de couleur et expliquez les accords.**
b. **Expliquez les accords des quatre participes passés soulignés.**
c. **Mettez les verbes en gras au plus-que-parfait.**

Très à l'heure, un bouquet de roses corail à la main, les cheveux retenus d'une libellule argentée sur la tempe droite, Cléo ne **se ressemblait** pas, en courte robe grise en laine et escarpins noirs. Même sa voix **paraissait** empruntée ; sur les talons de la mère de Yonasz transformée en guide de musée, Cléo **s'émerveillait** du moindre tapis, **s'enquérait** du nom du moindre objet qu'elle ne connaissait pas.

D'après **Lola Lafon**, *Chavirer*, © Actes Sud, 2020.

a. ....

....

....

....

b. ....

....

....

....

....

....

....

....

c. ....

....

19 ** Analysez les chaînes d'accord soulignées dans chacune de ces phrases.

a. Ce que nous prenons pour des vertus n'est souvent qu'un assemblage de diverses actions et de divers intérêts, que la fortune ou notre industrie savent arranger; et ce n'est pas toujours par valeur et par chasteté que les hommes sont vaillants, et que les femmes sont chastes.

....

....

....

....

....

b. Il n'y a point d'accidents si malheureux dont les habiles gens ne tirent quelque avantage, ni de si heureux que les imprudents ne puissent tourner à leur préjudice.

....

....

....

François de La Rochefoucauld, *Maximes et réflexions morales*, 1665.

20 ** Vers le BAC **Expliquez les chaînes d'accord soulignées et justifiez l'accord des participes passés en italique.**

Ô vous, qui semblez n'être *faites* que pour ignorer tous vos sens et être indignées de vos désirs mêmes, éternelles victimes de la honte et de la pudeur, que ne puis-je vous faire entrer à grands flots dans ce sérail malheureux, pour vous voir *étonnées* de tout le sang que j'y vais répandre ! **Montesquieu**, *Lettres persanes*, 1721.

....

....

....

....

....

....

....

....

....

....

....

....

21 *** Vers le BAC **a. Justifiez l'accord du participe passé *liée*. b. Justifiez l'accord des adjectifs *cassantes, tenaces* et *amère*.**

Cassantes, tenaces, les vrilles d'une vigne amère m'avaient liée, tandis que dans mon printemps je dormais d'un somme heureux et sans défiance. **Colette**, *Les Vrilles de la vigne*, 1908,

a. ....

....

....

b. ....

....

....

....

22 *** Vers le BAC **a. Transformez le groupe nominal *les petites fleurs bleues* en utilisant les adjectifs de couleur suivants : *vert pâle, jaune, orange, mauve*. b. Expliquez l'accord, des verbes *font, éclipseraient* et *disent*.**

Le poète s'en va dans les champs ; il admire,
Il adore ; il écoute en lui-même une lyre ;
Et le voyant venir, les fleurs, toutes les fleurs,
Celles qui des rubis font pâlir les couleurs,
Celles qui des paons même éclipseraient les [queues,
Les petites fleurs d'or, les petites fleurs bleues,
Prennent, pour l'accueillir agitant leurs [bouquets,
De petits airs penchés ou de grands airs [coquets ;
Et, familièrement, car cela sied aux belles :
– Tiens ! c'est notre amoureux qui passe !
disent-elles. **Victor Hugo**, *Les Contemplations*, 1856.

a. ....

....

....

....

b. ....

....

....

....

....

....

....

....

23 *** Vers le BAC **Transformez cette phrase en remplaçant *l'homme* par *les femmes* et en passant du passé simple au passé composé.**

L'homme entra et s'assura qu'il n'y avait plus personne dedans, il vit la mer et la vida, il vit l'air et y cracha, il vit le sable, l'herbe : il piétina ; l'homme étendit partout le royaume de l'homme : détritus sur détritus.

Valère Novarina, *L'Animal imaginaire*,

....

....

....

....

....

....

....

....

Les modes et les temps

→ Corrigé de l'exercice 1 p. 78

Le **mode** d'un verbe est la manière d'envisager l'action exprimée par le verbe.

Les modes personnels (le verbe varie selon la personne)				
L'indicatif (**10 temps**) : faits qu'il situe dans une époque passée, présente ou future. **Remarque** : Le conditionnel exprime un futur vu du passé, un fait soumis à condition ou un fait imaginaire.	présent j'écris	imparfait j'écrivais	passé simple j'écrivis	futur simple j'écrirai
	passé composé j'ai écrit	plus-que-parfait j'avais écrit	passé antérieur j'eus écrit	futur antérieur j'aurai écrit
	conditionnel présent j'écrirais		conditionnel passé j'aurais écrit	
Le subjonctif (**4 temps**) : action exprimée par le verbe à travers une volonté ou un sentiment (regret, doute, crainte).	présent que j'écrive	passé que j'aie écrit	imparfait que j'écrivisse	plus-que-parfait que j'eusse écrit
L'impératif (**2 temps**) : ordre, conseil ou défense.	présent écris, écrivons, écrivez		passé aie écrit, ayons écrit, ayez écrit	
Les modes impersonnels (le verbe ne varie pas selon la personne)				
L'infinitif (**2 temps**)	présent écrire		passé avoir écrit	
Le participe (**2 temps**) :	présent écrivant		passé écrit, écrite, écrits, écrites	

Remarques :
- Le **gérondif** est la forme du participe présent introduite par *en*. Il joue le rôle de complément circonstanciel (en écrivant).
- L'**adjectif verbal**, comme tout adjectif, varie en genre et en nombre (une voix chantante).

1 * **Identifiez le mode et le temps de chaque verbe.**

Ce siècle est libéral comme vous fûtes page. ……………………
Fermez bien vos volets, tirez bien vos rideaux, ……………………
Soufflez votre chandelle, et tournez-lui le dos ! ……………………
Qu'est l'âme du vrai sage ? Une sourde-muette. ……………………
Que vous importe, à vous, que tel ou tel poëte, ……………………
Comme l'oiseau des cieux, veuille avoir sa chanson ; ……………………
Et que tel garnement du Pinde, nourrisson ……………………
Des Muses, au milieu d'un bruit de corybante, ……………………
Marmot sombre, ait mordu leur gorge un peu tombante ? ……………………

Victor Hugo, « Quelques mots à un autre », *Les Contemplations*, 1856.

2 ** **a.** **Soulignez les verbes à un mode impersonnel.**
b. **Indiquez le mode, le temps et l'infinitif de chaque verbe conjugué à un mode personnel.**

Mon seul amour ! embrasse-moi. ……………………
Si la mort me veut avant toi, ……………………
Je bénis Dieu ; tu m'as aimée ! ……………………
Ce doux hymen eut peu d'instants : ……………………
Tu vois ; les fleurs n'ont qu'un printemps, ……………………
Et la rose meurt embaumée. ……………………
Mais quand, sous tes pieds, renfermée ……………………
Tu viendras me parler tout bas, ……………………
Crains-tu que je n'entende pas ? ……………………

Marceline Desbordes-Valmore,
« Le dernier rendez-vous », *Œuvres complètes*, 1830. ……………………

3 ★★★ **a. Comment nomme-t-on la forme verbale dans le groupe en gras ? Remplacez-la par un complément à l'infinitif.**
b. Relevez les verbes au passé composé puis transposez-les au passé simple.
c. Placez les verbes en italique dans l'ordre chronologique. Précisez leur temps.

Ce jour de mai 1996 où je suis revenu dans le quartier, les volets rouillés des deux premières fenêtres du cinquième étage qui donnaient rue du Simplon étaient fermés, et devant ces fenêtres, sur le balcon, j'ai remarqué tout un amas d'objets hétéroclites qui semblaient abandonnés là depuis longtemps.
Au cours des deux ou trois années qui ont précédé la guerre, Dora Bruder devait être inscrite dans l'une des écoles communales du quartier. J'ai écrit une lettre au directeur de chacune d'elles **en lui demandant** s'il pouvait retrouver son nom sur les registres :
8 rue Ferdinand-Flocon.
20 rue Hermel.
7 rue Championnet.
61 rue de Clignancourt.
Ils m'*ont répondu* gentiment. Aucun n'*avait retrouvé* ce nom dans la liste des élèves des classes d'avant-guerre. Enfin, le directeur de l'ancienne école de filles du 69 rue Championnet m'a proposé de venir consulter moi-même les registres. Un jour, j'*irai*. Mais j'*hésite*. Je veux encore espérer que son nom figure là-bas.

Patrick Modiano, *Dora Bruder*, © Éditions Gallimard, 1997.

a. ....

b. ....

....

....

c. ....

→

....

4 ★★★ Vers le BAC **Analysez les formes verbales (modes, temps, personnes).**

a. ARGAN. – Quoi ! il faudra encore que je n'aie pas le plaisir de la quereller ?

....

....

b. TOINETTE. – Querellez tout votre soûl : je le veux bien.

....

....

c. ARGAN. – Tu m'en empêches, chienne, en m'interrompant à tous coups.

Molière, *Le Malade imaginaire*, I, 2, 1673.

....

....

5 ★★ Vers le BAC **Transformez la réplique de Cléantis en adoptant le tutoiement.**

CLÉANTIS. – Eh bien, faites. Soupirez pour moi ; poursuivez mon cœur, prenez-le si vous pouvez, je ne vous en empêche pas ; c'est à vous à faire vos diligences ; me voilà, je vous attends ; mais traitons l'amour à la grande manière, puisque nous sommes devenus maîtres ; allons-y poliment, et comme le grand monde.

Marivaux, *L'Île des esclaves*, scène 6, 1725.

....

....

....

....

Les valeurs des temps de l'indicatif

→ Corrigé de l'exercice 6 p. 78

présent	énonciation	« Oui, répondit-il. L'œil de cet homme **est** brûlant et me **fascine** » (**H. de Balzac**)
	vérité générale	« La pensée **est** la clef de tous les trésors, elle **procure** les joies de l'avare sans donner ses soucis. » (***Ibid.***)
	habitude	« Monsieur **se lève** tous les jours à la même heure. » (***Ibid.***)
	passé ou futur proche	« Mon fils, vous **avez** bientôt vingt ans. Je suis content de vous. » (***Ibid.***)
	historique ou de narration	« [C'était] le regard du Prométhée enchaîné, de Napoléon déchu qui **apprend** à l'Élysée, en 1815, la faute stratégique commise par ses ennemis, qui **demande** le commandement pour vingt quatre heures et ne l'**obtient** pas. » (***Ibid.***)
futur simple	fait à venir ordre, promesse	« Je **verrai** bien, monsieur, si ma fortune **changera** pendant le temps que je vais mettre à franchir la largeur du quai. » (***Ibid.***)
passé simple	fait de premier plan	« Sans trop hésiter, il **monta** l'escalier du tripot désigné sous le nom de numéro 36. » (***Ibid.***)
imparfait	action répétée, non délimitée dans le temps ; second plan	« Cette figure **avait** encore vingt-cinq ans, et le vice **paraissait** n'y être qu'un accident. » (***Ibid.***)
conditionnel présent	fait hypothétique	« Il me **dirait** de faire des choses plus difficiles, je les **ferais** encore, entendez-vous ? » (***Ibid.***)
	futur vu du passé	« Le brahmane auquel je dois ce talisman m'a jadis expliqué qu'il s'**opérerait** un mystérieux accord entre les destinées et les souhaits du possesseur. » (***Ibid.***)
temps composés	action accomplie dans le passé ou antérieure à une autre	« Il ne l'**avait entendu** ni venir, ni parler, ni se mouvoir. » (***Ibid.***) **→ plus-que-parfait** « Mes pieds **ont foulé** les plus hautes montagnes de l'Asie et de l'Amérique, j'**ai appris** tous les langages humains, et j'**ai vécu** sous tous les régimes. » (***Ibid.***) **→ passé composé**

6 * **a.** **Identifiez le temps utilisé dans cet extrait. Précisez sa valeur.**
b. **Soulignez les passages au présent de l'indicatif. Quelles sont ses valeurs ?**

J'errai longtemps ainsi, et vers minuit, je me mis en route pour rentrer chez moi. J'étais fort calme, mais fort las. Mon concierge, qui se couche avant onze heures, m'ouvrit tout de suite, contrairement à son habitude ; et je pensai : « Tiens, un autre locataire vient sans doute de remonter. »
Quand je sors de chez moi, je donne toujours à ma porte deux tours de clef. Je la trouvai simplement tirée et cela me frappa. Je supposai qu'on m'avait monté des lettres dans la soirée.

Guy de Maupassant, « Lui ? », 1883.

a. ....

b. ....

7 *** Vers le BAC **Analysez la valeur du conditionnel dans chaque extrait.**

a. Je pressentais déjà qu'il me faudrait guérir
Du choix suave et dur de ton être sans feu (**A. de Noailles**)

....

....

....

....

b. Je te parle, mon petit jour.
Mais tout cela ne serait-il qu'un vol de paroles dans l'air ? (**P. Jaccottet**)

....

....

La concordance des temps à l'indicatif

→ Corrigé de l'exercice 8 p. 78

Dans la phrase complexe, la **concordance des temps** est déterminée par :
→ le **temps du verbe** de la proposition **principale** ;
→ le **rapport de temps entre** la proposition **subordonnée** et la proposition **principale**. → Les discours rapportés, fiche 30 p. 48

Temps du verbe principal	Antériorité de la subordonnée	Simultanéité de la subordonnée	Postériorité de la subordonnée
présent Elle écrit…	passé composé … qu'elle est sortie. imparfait … qu'elle sortait.	présent … qu'elle sort.	futur simple … qu'elle sortira. futur antérieur … qu'elle sera sortie.
passé Je croyais/crus…	plus-que-parfait … que tu étais partie. passé antérieur … que tu fus partie.	imparfait … que tu partais. passé simple … que tu partis.	conditionnel présent … que tu partirais. conditionnel passé … que tu serais partie.

8 * **Identifiez les temps utilisés dans chaque phrase. Précisez le rapport temporel de la subordonnée à la principale.**

a. La lenteur de la vie est telle qu'il m'aura fallu la durée de la majeure partie de cette existence pour comprendre ce que cela signifie.

....

....

b. L'écrivain se veut témoin, alors qu'il n'est, la plupart du temps, qu'un simple voyeur.

....

c. Je me souviens de la première fois que j'ai ressenti ce que peut être la littérature.

J-M. G. Le Clézio, Discours de réception du prix Nobel de littérature © La Fondation Nobel, 2008.

....

....

9 ** a. **Précisez le rapport temporel de la subordonnée à la principale.**
b. **Mettez le verbe de la proposition principale au temps indiqué en respectant la concordance des temps.**

1. Dans l'ancien protocole nippon, il est stipulé que l'on s'adressera à l'Empereur avec « stupeur et tremblements ».
2. Je retournai à la photocopieuse en pensant que j'avais dû mal placer les pages dans l'avaleuse.

Amélie Nothomb, *Stupeur et Tremblements*, © Albin Michel, 1999.

a. 1. .... 2. ....

b. 1. *Imparfait* → ....

2. *Présent* → ....

10 *** Vers le BAC **Analysez le rapport temporel dans cette phrase.**

DUBOIS. – J'ai déjà dit à madame qu'on m'avait assuré qu'il n'entendait pas les affaires.

Marivaux, *Les Fausses Confidences*, 1738.

....

....

....

....

La concordance des temps au subjonctif

→ Corrigé de l'exercice 11 p. 78

Le **subjonctif** est employé dans des propositions subordonnées complétives, relatives et circonstancielles, où l'action verbale est envisagée dans la pensée.

→ Dans un **niveau soutenu**, on trouve les **quatre temps** du mode subjonctif.

Temps du verbe principal à l'indicatif	Antériorité de la subordonnée au subjonctif	Simultanéité ou postériorité de la subordonnée au subjonctif
présent/futur Elle demande/demandera…	passé … qu'il ait rappelé.	présent … qu'il rappelle.
passé Elle demandait, demanda, a demandé…	plus-que-parfait … qu'il eût rappelé.	imparfait … qu'il rappelât.

→ En **français courant**, la concordance des temps se limite aux **subjonctifs présent et passé**.

11 * **Indiquez le rapport temporel de la subordonnée à la principale en précisant le temps et le mode de leurs verbes.**

a. Bien qu'il soit près de midi là-bas, elle dort, sa tête charmante enfouie sous les dentelles de l'oreiller. (**J. Verne**)

……………………………………………………………………………………

……………………………………………………………………………………

b. Je cherchais avidement quelques passages de ces livres que je pusse rapporter au courant de mes connaissances, et en expliquant, en traduisant toujours, je ne trouvais rien ni des hommes, ni des choses de ce monde. (**C. I. Defontenay**)

……………………………………………………………………………………

……………………………………………………………………………………

12 *** Vers le BAC **Transformez chaque phrase en mettant le verbe en gras au temps indiqué. Vous respecterez la concordance des temps en français soutenu.**

a. J'**obtenais** qu'elle m'éveillât à trois heures et demie, et je m'en **allais**, un panier vide à chaque bras, vers des terres maraîchères.

Présent → ……………………………………………………………………………

……………………………………………………………………………………

b. La chimère de l'or et de la gemme n'**est** qu'un informe mirage : il **importe** seulement que je dénude et hisse au jour ce que l'œil humain n'**a** pas, avant le mien, touché…

Colette, *Sido*, 1930, © Librairie Arthème Fayard et Hachette Littérature, 2004.

Imparfait → ……………………………………………………………………………

……………………………………………………………………………………

13 *** Vers le BAC **Analysez le rapport temporel dans ces phrases.**

a. BÉRALDE. – Je suis bien aise que la force vous revienne un peu, et que ma visite vous fasse du bien.

……………………………………………………………………………………

……………………………………………………………………………………

……………………………………………………………………………………

b. TOINETTE. – Il faut qu'il ait tué bien des gens, pour s'être fait si riche.

……………………………………………………………………………………

……………………………………………………………………………………

…………………………………………………… **Molière**, *Le Malade imaginaire*, 1673.

La voix active et la voix passive

→ Corrigé de l'exercice 14 p. 78

La **voix** est le rapport entre l'action verbale et le sujet :

- à la **voix active**, le sujet accomplit l'action.

Exemple Simone de Beauvoir et Jean-Paul Sartre **ont fondé** la revue *Les Temps modernes*.

- à la **voix passive**, le sujet subit l'action.

Exemple La revue *Les Temps modernes* **a été fondée** par Simone de Beauvoir et Jean-Paul Sartre.

→ Un **verbe à la voix passive** se construit avec l'auxiliaire *être* suivi du participe passé. Introduit par les prépositions *de* ou *par*, le complément d'agent, qui peut être exprimé (1) ou non (2), correspond au sujet de la voix active.
Le temps d'un verbe à la voix passive est celui de l'auxiliaire.

Exemples 1. « J'**étais fascinée** par l'éclat lumineux des fruits confits. » (S. de Beauvoir) 2. « Ce genre de déception m'**était** d'ordinaire **épargné**. » (*Ibid.*)

Remarque : Seuls les verbes acceptant un COD (verbes transitifs directs) peuvent se mettre à la voix passive.

Voix active

Le sujet accomplit l'action.
S. de Beauvoir et J.-P. Sartre ont fondé la revue *Les Temps modernes*.

Voix passive

Le sujet subit l'action.
La revue *Les Temps modernes* a été fondée par S. de Beauvoir et J.-P. Sartre

Verbe à la voix passive
auxiliaire « être » + participe passé du verbe
→ **a été fondée** = passé composé, voix passive

14 * a. **Soulignez les verbes à la voix passive.**
b. Le groupe prépositionnel en gras est-il un complément d'agent ? Justifiez votre réponse.

1. L'arrêt fut prononcé par tout le public longtemps avant qu'il pût être signé par le conseil.
2. Vous avez droit aux productions de la terre que vous avez cultivée **par vos mains**. Vous avez donné et reçu une promesse, elle doit être tenue.

Voltaire, *Traité sur la tolérance*, 1763.

....

....

15 ** Soulignez les phrases à la voix passive. Transformez-les à la voix active.

a. Oswald fut profondément ému par la touchante faiblesse de Corinne.
b. Oswald, pendant ce temps, se distingua dans la guerre par des actions d'une bravoure éclatante ; il exposa mille fois sa vie, non-seulement par l'enthousiasme de l'honneur, mais par goût pour le péril.
c. Ces diverses idées et plusieurs autres encore furent spirituellement développées par Corinne.

Mme de Staël, *Corinne ou l'Italie*, 1807.

....

....

16 *** Vers le BAC **Analysez les verbes en gras (mode, temps, voix).**

a. L'inconnu **fut assailli** par mille pensées semblables, qui **passaient** en lambeaux dans son âme, comme des drapeaux déchirés **voltigent** au milieu d'une bataille.

....

....

b. Un tournebroche **était posé** sur un ostensoir.

....

c. Les vitres ayant retenti d'un claquement sourd, il **pensa** que cette froide caresse digne des mystères de la tombe lui **avait été faite** par quelque chauve-souris.

....

.... **Honoré de Balzac**, *La Peau de chagrin*, 1831.

Le verbe

vidéo mémo www.lienmini.fr/grev-013

exercices interactifs www.lienmini.fr/grev-023

17 * **Ces affirmations sont-elles exactes ?** OUI NON

a. Les temps composés sont formés avec un participe passé. ○ ○

b. Le passé simple est le temps des actions de premier plan. ○ ○

c. Dans une proposition subordonnée, le subjonctif présent exprime l'antériorité. ○ ○

18 ** **Classez les verbes en gras selon leur mode et précisez leur temps.**

Mande-moi ce que l'on **dit** de notre voyage ; ne me **flatte** point : je ne **compte** pas sur un grand nombre d'approbateurs. **Adresse** ta lettre à Erzeron, où je **séjournerai** quelque temps. Adieu, mon cher Rustan. **Sois assuré** qu'en quelque lieu du monde où je **sois**, tu as un ami fidèle.

Montesquieu, *Lettres persanes*, 1, 1721.

Indicatif : ……………………………………

……………………………………

Subjonctif : ……………………………………

Impératif : ……………………………………

……………………………………

19 ** **a. Identifiez le mode des verbes en gras et justifiez la concordance des temps.**
b. Réécrivez la dernière phrase à l'imparfait. Vous respecterez la concordance des temps en français soutenu.

Comme après tout il n'y a pas impossibilité complète que la pièce **soit jouée** un jour ou l'autre, d'ici dix ou vingt ans, totalement ou en partie, autant commencer par ces quelques directions scéniques. Il est essentiel que les tableaux **se suivent** sans la moindre interruption. [...] Les acteurs de chaque scène apparaîtront avant que ceux de la scène précédente **aient fini** de parler et se livreront aussitôt entre eux à leur petit travail préparatoire. [...] Il faut que tout **ait** l'air provisoire, en marche, bâclé, incohérent, improvisé dans l'enthousiasme.

Paul Claudel, *Le Soulier de satin*, © Éditions Gallimard, 1929.

a. ……………………………………

……………………………………

b. ……………………………………

……………………………………

……………………………………

20 ** **a. Quelle est la valeur des temps des verbes en gras ? b. Précisez le rapport temporel de chaque subordonnée soulignée à la principale.**

Et puis j'appartiens à une génération où on ne **laissait** pas parler les enfants, sauf en certaines occasions assez rares et s'ils en demandaient la permission. [...] D'où, sans doute, ce désir d'écrire qui m'a pris, comme beaucoup d'autres, au sortir de l'enfance. Vous **espérez** que les adultes vous liront. Ils **seront obligés** ainsi de vous écouter sans vous interrompre et ils sauront une fois pour toutes ce que vous avez sur le cœur.

Patrick Modiano, *Discours à l'Académie suédoise*, © Éditions Gallimard, 2015.

a. ……………………………………

……………………………………

……………………………………

……………………………………

b. ……………………………………

……………………………………

……………………………………

……………………………………

……………………………………

……………………………………

……………………………………

……………………………………

21 ** **Mettez le verbe au temps qui convient en respectant la voix et la concordance des temps.**

a. **Antériorité** → Et, depuis que ce rideau (*se lever*, voix active) ……………, elle sent qu'elle s'éloigne à une vitesse vertigineuse de sa sœur Ismène.

b. **Postériorité** → Créon, le roi, a ordonné qu'à Étéocle, le bon frère, il (*faire*, voix passive) …………… d'imposantes funérailles, mais que Polynice, le vaurien, le révolté, le voyou, (*laisser*, voix passive) …………… sans pleurs et sans sépulture, la proie des corbeaux et des chacals...

c. **Simultanéité** → Pendant que le Prologue (*parler*, voix active) ……………, les personnages sont sortis un à un.

D'après **J. Anouilh**, *Antigone*, 1944, © Éditions la Table ronde, 1946.

22 ** a. Relevez les verbes à la voix passive et précisez leur temps.
b. Les compléments d'agent sont-ils exprimés ? Pour quelle raison, selon vous ?
c. Réécrivez la première phrase à la forme active.**

Le corps a été descendu avec précaution. Il est rendu aux bras de la famille. Il y aura une histoire de cette mort que l'on se racontera – accident ou combat. Il y aura des questions, des récits répétés mille fois, pour répondre à la soif inextinguible des proches, qui veulent connaître chaque détail. Il y aura des veillées pour célébrer celui dont la vie a été prise dans les dunes mais elle ne les connaîtra pas. Ce sera plus tard, lorsqu'elle sera déjà partie.

Laurent Gaudé, *Salina*, © Actes Sud, 2018.

a. ....

....

....

b. ....

....

c. ....

....

....

23 *** Vers le BAC **Analysez les formes verbales en gras (mode, temps, personne, valeur).**

TOINETTE. – Ce monsieur Fleurant-là et ce monsieur Purgon **s'égayent** sur votre corps ; ils ont en vous une bonne vache à lait, et je **voudrais** bien leur demander quel mal vous **avez**, pour faire tant de remèdes.
ARGAN. – **Taisez-vous**, ignorante ; ce n'est pas à vous à contrôler les ordonnances de la médecine. Qu'on me **fasse** venir ma fille Angélique : j'ai à lui dire quelque chose.
TOINETTE. – La voici qui vient d'elle-même ; elle **a deviné** votre pensée.

Molière, *Le Malade imaginaire*, I, 2, 1673.

....

....

....

....

....

....

....

....

....

....

24 *** Vers le BAC **Indiquez la voix et le temps des verbes en gras. Justifiez votre réponse.**

a. Nous **avions été élevés** ensemble.

....

....

....

....

....

....

b. Trois semaines **se passèrent**, pendant lesquelles **j'avais été** [...] **rempli** de ma passion.

....

....

....

....

....

....

....

....

....

....

....

c. Un barbare **aurait été attendri** des témoignages de ma douleur et de ma crainte.

....

....

....

....

....

....

....

....

d. Elle **continua** de me raconter par quels moyens elle **avait été instruite** de mon séjour à Paris.

....

....

....

....

....

....

....

....

Abbé Prévost, *Manon Lescaut*, 1731.

Phrase simple, phrase complexe

→ Corrigé de l'exercice 1 p. 78

La **phrase simple** ne contient qu'**une seule proposition**, c'est-à-dire un seul verbe et son sujet.

Exemple « **Dorante.** – Elle a plus de cinquante mille livres de rente, Dubois. » **(Marivaux)**

La **phrase complexe** contient **plusieurs propositions**.
On compte autant de propositions que de verbes avec leur sujet.

Exemple « **Dorante.** – Et tu me dis qu'elle est extrêmement raisonnable ? » ***(Ibid.)***

Remarque : Il existe des phrases non verbales.

Exemple « **Dorante.** – Quelle chimère ! » ***(Ibid.)***

Phrase simple → une seule proposition = un seul verbe et son sujet

Phrase complexe → plusieurs propositions = plusieurs verbes et leur sujet

1 * **Combien de propositions chaque phrase contient-elle ? Précisez si elles sont simples ou complexes.**

Le lendemain, la chaleur était toujours là, égale à elle-même.
Il n'était pas tombé une goutte d'eau dans la nuit. La brise n'avait pas été très forte et le feu, dans la montagne, n'avait pas beaucoup gagné. Sara se réveilla encore une fois la première, encore une fois vers dix heures. Elle trouva l'enfant assis au même endroit que la veille, sur les marches de la véranda […]
Elle le laissa là et elle alla dans la cuisine.

Marguerite Duras, *Les Petits chevaux de Tarquinia*, 1953, © Éditions Gallimard.

2 *** **Faites une phrase complexe à partir de ces phrases simples.**

a. Les cris avaient été poussés par deux jeunes Somalis. Ils s'étaient réveillés avant les autres.

→

b. La panique s'empara très vite du bateau. Personne ne savait piloter un tel navire.

→

c. Certains se lamentaient. D'autres suppliaient.

→

d. Les esprits sombrèrent dans une épaisse léthargie […]. Bientôt ce ne fut plus que silence.

→

D'après **Laurent Gaudé**, *Eldorado*, 2006, © Actes Sud.

3 *** Vers le BAC **Analysez la construction de ces phrases complexes.**

a. C'est pas comme un bijou mais ça se porte aussi, un secret.

b. Du moins, lui, c'était marqué sur le front qu'il portait une histoire qu'il n'a jamais dite.

c. […] s'il l'a dite, c'est à mi-teinte à travers des formules à lui, tout en mystères quand pour seule vérité il a laissé, griffonné dans sa chambre, sur un post-it, un bout de phrase écrit au stylo à bille noir […].

Laurent Mauvignier, *Loin d'eux*, 1999, © Éditions de Minuit.

Juxtaposition, coordination, subordination

Dans une **phrase complexe**, les propositions peuvent être :

→ **indépendantes juxtaposées** : séparées par une virgule, un point-virgule ou deux-points ;

Exemple « Femme, réveille-toi ; le tocsin de la raison se fait entendre dans tout l'univers ; reconnais tes droits. » **(Olympe de Gouges)**

→ **indépendantes coordonnées** : reliées par une conjonction de coordination ou un adverbe de liaison ; la coordination met en évidence le lien logique entre deux propositions ;

Exemple « **Arlequin.** – Nous sommes aussi bouffons que nos patrons, **mais** nous sommes plus sages. » **(Marivaux)**

→ **subordonnées** : rattachées à la proposition principale par une conjonction de subordination (subordonnées conjonctives), un pronom relatif (subordonnées relatives) ou un mot interrogatif (subordonnées interrogatives).

Exemple « **Figaro.** – **Parce que** vous êtes un grand seigneur, vous vous croyez un grand génie. » **(Beaumarchais)**

Remarque : La subordonnée infinitive et la subordonnée participiale ne sont pas introduites par un mot subordonnant.

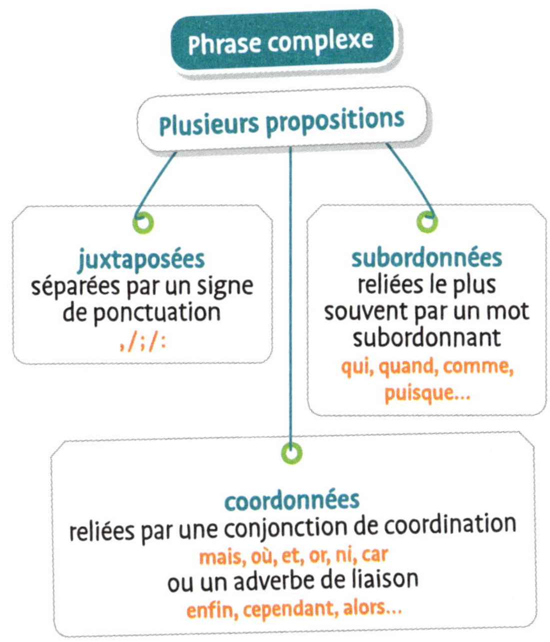

4 ** **Pour chaque phrase, transformez les propositions juxtaposées pour faire apparaître une proposition subordonnée en justifiant le choix du mot subordonnant.**

a. D'un seul coup, d'un même élan, ils se sont levés tous trois, l'air grave ; je me suis levée aussi.

→ ....

....

b. Le soir même, j'ai écrit à mes parents : j'étais professeur « titulaire ».

→ ....

....

c. Mon grand-père l'a retiré de l'école pour le placer dans la même ferme que lui. On ne pouvait plus le nourrir à rien faire.

→ ....

....

d. Le livre de lecture de mon père s'appelait *Le Tour de la France par deux enfants*. On y lit des phrases étranges…

→ ....

....

.... D'après **Annie Ernaux**, *La Place*, 1983, © Éditions Gallimard.

5 ** Vers le BAC **Analysez la construction de cette phrase complexe.**

Peut-être nos voisins imitaient-ils, dans leurs jardins, la paix de notre jardin où les enfants ne se battaient point, où bêtes et gens s'exprimaient avec douceur, un jardin où, trente années durant, un mari et une femme vécurent sans élever la voix l'un contre l'autre.

Colette, *Sido*, 1930, © Librairie Arthème Fayard et Hachette Littérature, 2004.

....

....

Bilan Les relations au sein de la phrase complexe

vidéo mémo www.lienmini.fr/grev-015

exercices interactifs www.lienmini.fr/grev-024

6 * Ces affirmations sont-elles exactes ? OUI NON

a. La coordination met en évidence le lien logique entre les propositions. ○ ○

b. Une subordonnée est toujours introduite par un mot subordonnant. ○ ○

c. Un pronom relatif n'est pas un mot subordonnant. ○ ○

d. Dans une phrase complexe, les propositions indépendantes juxtaposées sont autonomes les unes par rapport aux autres. ○ ○

7 ** Soulignez les verbes et encadrez les sujets. Les phrases de cet extrait sont-elles simples ou complexes ?

Les anciens domestiques de la maison soupçonnaient qu'il était fils de la sœur de monsieur le baron et d'un bon et honnête gentilhomme du voisinage, que cette demoiselle ne voulut jamais épouser parce qu'il n'avait pu prouver que soixante et onze quartiers, et que le reste de son arbre généalogique avait été perdu par l'injure du temps. Monsieur le baron était un des plus puissants seigneurs de la Westphalie, car son château avait une porte et des fenêtres. Sa grande salle même était ornée d'une tapisserie.

Voltaire, *Candide*, 1759.

....

....

....

....

8 ** Soulignez les phrases complexes et encadrez la phrase simple. Délimitez les propositions de ces phrases complexes par des barres.

Qu'avait-il donc de différent, lorsqu'il se comparait aux autres ? Là-bas, à Plassans, dans sa jeunesse, souvent déjà il s'était questionné. Sa mère Gervaise, il est vrai, l'avait eu très jeune, à quinze ans et demi ; mais il n'arrivait que le second, elle entrait à peine dans sa quatorzième année, lorsqu'elle était accouchée du premier, Claude ; et aucun de ses deux frères, ni Claude, ni Étienne, né plus tard, ne semblait souffrir d'une mère si enfant et d'un père gamin comme elle, ce beau Lantier, dont le mauvais cœur devait coûter à Gervaise tant de larmes.

Émile Zola, *La Bête humaine*, 1890.

9 ** Complétez ces phrases afin de créer des phrases complexes en respectant les indications données.

a. (*proposition subordonnée*) Le Louvre est un musée ....

....

b. (*proposition juxtaposée*) Les visiteurs admirent des chefs d'œuvre ....

....

c. (*proposition subordonnée*) Le plus grand musée parisien recèle des trésors ....

....

d. (*proposition coordonnée*) Le Louvre est facile d'accès pour les jeunes ....

....

10 * Soulignez les propositions subordonnées et encadrez les mots qui les introduisent. Identifiez la nature de ces mots subordonnants.**

Sido est probablement le livre que connaissent le mieux ceux qui relisent régulièrement Colette. Tous ceux qui aiment particulièrement un auteur savent qu'il est trois ou quatre ouvrages vers lesquels systématiquement on revient. Pour Colette, *Sido* est de ceux-là. Tous les lecteurs de l'écrivain connaissent les *Claudine*, et quand ils ont lu *Claudine à l'école* ou *Claudine en ménage*, il y a peu de chance pour qu'ils oublient ces deux romans, mais il n'est pas certain que ce soit les œuvres vers lesquelles ils reviennent le plus souvent.

Alain Brunet, *Avant-propos de Sido*, 1973.

....

....

....

....

....

....

....

11 * Vers le BAC a. Pour chaque phrase complexe, précisez si les propositions sont reliées par juxtaposition, coordination ou subordination.**
b. Analysez les rapports logiques existant entre les propositions dans la phrase 2.

1. Je n'aurais pas entendu, je pourrais plus [simplement encore deviner, je devinerais de moi-même, cela reviendrait au même.

....

2. Ils voudront t'expliquer mais ils t'expliqueront mal, [car ils ne te connaissent pas, ou mal.

....

3. Suzanne voudrait partir,
elle l'a déjà dit peut-être,
aller loin et vivre une autre vie…

....

4. Ils auront peur du peu de temps
que tu leur donnes, du peu de temps
que vous passerez ensemble.

....

Jean-Luc Lagarce, *Juste la fin du monde*, 1re partie, scène 8 (La mère), © Les Solitaires intempestifs, 1990.

b. ....

....

....

....

....

12 * Vers le BAC Analysez la construction de ces phrases complexes.**

Le soleil descend derrière les sorbiers, grappés de fruits verts qui tournent çà et là au rose aigre. Le jardin se remet lentement d'une longue journée de chaleur, dont les molles feuilles du tabac demeurent évanouies. Le bleu des aconits a certainement pâli depuis ce matin, mais les reines-claudes, vertes hier sous leur poudre d'argent, ont toutes, ce soir, une joue d'ambre.

Colette, « Nonoche », *Les Vrilles de la vigne*, 1908, © Librairie Arthème Fayard, 2004.

....

....

....

....

....

....

....

....

....

13 * Vers le BAC Pour chaque phrase, transformez les propositions juxtaposées pour faire apparaître des propositions coordonnées.**

a. Il cherche, il brouille, il crie, il s'échauffe, il appelle ses valets l'un après l'autre : on lui perd tout, on lui égare tout…

....

....

....

....

....

....

....

....

b. Je me plains d'un tel, il est fier depuis son élévation, il me dédaigne, il ne me connaît plus.

....

....

....

....

....

....

....

....

c. Il s'avance dans la nef, il croit voir un prie-Dieu, il se jette lourdement dessus : la machine plie…

....

....

....

....

....

....

....

....

d. L'incivilité n'est pas un vice de l'âme, elle est l'effet de plusieurs vices…

....

....

....

....

....

....

....

Jean de La Bruyère, *Les Caractères*, livre XI, « De l'Homme », 1687.

14

Les subordonnées relatives

➜ Corrigé de l'exercice 1 p. 78

La **proposition subordonnée relative** est introduite par un **pronom relatif** (*qui, que, quoi, dont, où, lequel, auquel, duquel...*). Le pronom relatif occupe une fonction dans la proposition relative (sujet, COD, COI, complément du nom, complément circonstanciel).

➜ La subordonnée **relative adjective** complète un nom, un groupe nominal ou un pronom (appelés antécédents) qui appartient à une autre proposition. Expansion du nom, elle est toujours **complément de son antécédent**.

Exemple « C'est un trou de verdure **où** chante une rivière... » (**A. Rimbaud**)
complément de l'antécédent

➜ La proposition **relative substantive** n'a pas d'antécédent et joue alors le rôle d'un groupe nominal dont elle peut occuper toutes les fonctions. Elle est introduite par les pronoms relatifs simples *qui, où, quoi* (parfois précédés d'une préposition), *quiconque* et par *ce qui, ce que, celui qui, celle qui*...

Exemples « Et il briserait **quiconque** résisterait... » (**É. Zola**) — COD de « briserait »
Qui vivra verra. — sujet de « verra »

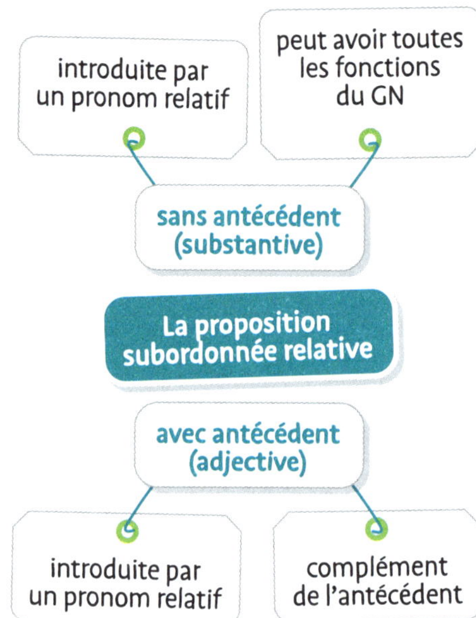

1 ★ **Soulignez les relatives adjectives et encadrez les relatives substantives. Précisez leur fonction.**

a. Ses traits ressemblaient à une chanson dont on se rappelle immédiatement les paroles.

....

b. Ce qui allait lui arriver lui paraissait disproportionné ; face à cette injustice, elle n'avait même pas la force d'éprouver de la rage. ....

c. « Enfin quelqu'un qui s'intéresse à ce que je fais ! », s'exclama Frédéric.

....

David Foenkinos, *Deux sœurs*, © Éditions Gallimard, 2019.

2 ★★ **Soulignez les subordonnées relatives et précisez leur fonction ainsi que celle des pronoms relatifs.**

Dans la nuit du Tombeau,
Toi qui m'as consolé,
Rends-moi le Pausilippe et la mer d'Italie,
La *fleur* qui plaisait tant à mon cœur désolé,
Et la treille où le Pampre à la Rose s'allie.

Gérard de Nerval, « El Desdichado », *Les Chimères*, 1854.

....
....
....
....
....

3 ★★★ Vers le BAC **Relevez et analysez les subordonnées relatives (indiquez leur antécédent, précisez la fonction de la relative et du pronom relatif).**

Malgré la voix intérieure qui doit soutenir les hommes de talent dans leurs luttes, et qui me criait : Courage ! marche ! malgré les révélations soudaines de ma puissance dans la solitude, malgré l'espoir dont j'étais animé en comparant les ouvrages nouveaux admirés du public à ceux qui voltigeaient dans ma pensée, je doutais de moi comme un enfant. [...] Pendant l'année où je fus jeté par mon père dans le tourbillon de la haute société, j'y vins avec un cœur neuf, avec une âme fraîche.

Honoré de Balzac, *La Peau de chagrin*, 1831.

....
....
....
....
....

Les subordonnées conjonctive et interrogative indirecte

→ Corrigé de l'exercice 4 p. 78

Les propositions **subordonnées complétives** sont équivalentes à des groupes nominaux dont elles exercent les fonctions. On distingue :

→ la **subordonnée conjonctive**, introduite par la conjonction *que* ou les locutions *à ce que, de ce que*... Elle se trouve après un verbe déclaratif, un verbe exprimant un jugement, une opinion, un sentiment ou une volonté (*dire, juger, penser, craindre, vouloir*...). Le plus souvent COD du verbe de la principale, elle peut aussi être COI, sujet, attribut du sujet, complément du nom ou de l'adjectif. Le **mode** du verbe de la subordonnée conjonctive dépend du sens verbe de la proposition principale.

→ **Les concordances des temps, fiches 9 et 10 p. 15-16**

Exemples « Tenez, je parierais **que** vous venez à Ille pour voir l'idole. » **(P. Mérimée)**
« Veut-il **que** nous fassions une guerre sacrée ? » **(Voltaire)**

→ la **subordonnée interrogative indirecte** qui pose de façon indirecte une question. Elle est COD du verbe de la proposition principale exprimant l'interrogation. Elle est introduite par un mot interrogatif : *si, qui*... Elle ne se termine pas par un point d'interrogation. → **fiche 24 p. 36**

Exemples « Il se tourna vers mon frère, pour lui demander **s'il** ne m'avait pas raconté toute l'histoire. » **(Abbé Prévost)**

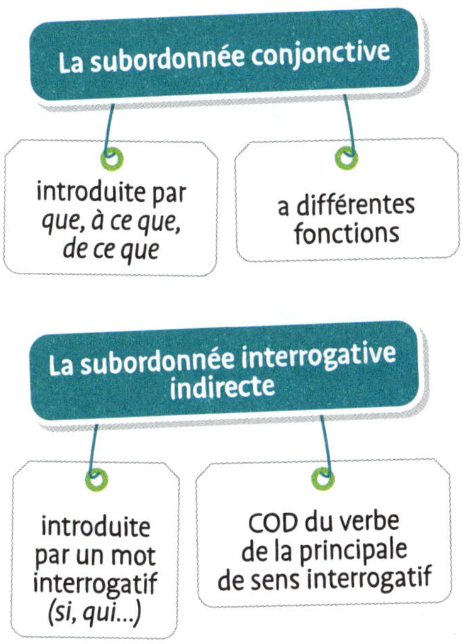

4 * **Soulignez les subordonnées conjonctives.**

a. Je n'accepterai jamais qu'un gouvernement puisse me forcer à prendre part à une entreprise que je considère comme un crime, comme une trahison de la vérité… **(R. Martin du Gard)**
b. Il nous avait expliqué que tout devrait se dérouler normalement, comme autrefois, mais pour plus de sûreté, Dora, qui continuait d'aider ma mère à tous les travaux de cuisine et de ménage, ne parlerait plus. **(P. Labro)**
c. Ils ont dit : « Vous n'avez pas compris que nous les bernons ? ». Ils ont dit cela. **(Vercors)**

5 ** **Soulignez les subordonnées conjonctives et indiquez leur fonction. Relevez une subordonnée interrogative indirecte et indiquez sa fonction.**

Quand tout le monde a eu quitté la bibliothèque, j'ai sorti ma veste et je lui ai montré l'étoile. Mais je ne pouvais pas le regarder en face, je l'ai ôtée et j'ai mis le bouquet tricolore qui la fixait à ma boutonnière. Lorsque j'ai levé les yeux, j'ai vu qu'il avait été frappé en plein cœur. Je suis sûre qu'il ne se doutait de rien. Je craignais que toute notre amitié ne fût soudain brisée, amoindrie par cela. Mais après, nous avons marché jusqu'à Sèvres-Babylone, il a été très gentil. Je me demande ce qu'il pensait.

Hélène Berr, *Journal*, © Éditions Tallandier, 2008.

....

....

....

6 *** Vers le BAC **Relevez et analysez les subordonnées conjonctives introduites par *que*.**

« J'espère que nous resterons amies. » Ce mot m'a paru d'une adorable naïveté. [...] J'ai compris aussitôt que je dois lui laisser croire qu'elle est beaucoup plus fine et plus spirituelle que sa fille […] Je lui ai baisé les mains à plusieurs reprises en lui disant que j'étais bien heureuse qu'elle agît ainsi avec moi…. **Honoré de Balzac**, *Mémoires de deux jeunes mariés*, 1841.

....

....

....

Les subordonnées circonstancielles de temps

→ Corrigé de l'exercice 7 p. 78

Les **propositions subordonnées circonstancielles** apportent des précisions sur les circonstances de l'action exprimée dans la proposition principale dont elles sont compléments circonstanciels.

Subordonnée circonstancielle de	Exprime	Est introduite par (+ mode)	Exemples
temps (CC de temps de la principale)	les circonstances temporelles de l'action.	une **conjonction de subordination** ou une **locution conjonctive** : *quand, lorsque, après que...* + **indicatif.** Sauf *avant que, jusqu'à ce que* + **subj.** → fiches 9 et 10 p. 15-16	• « **Pendant qu'**ils **tenaient** ces menus propos de beuverie, Gargamelle commença à se sentir mal... » (F. Rabelais) • « Au début du repas, on lisait quelque plaisante histoire des gestes anciennes, **jusqu'à ce qu'**il **eût pris** son vin. » (*Ibid.*)

→ **Équivalences** : adverbe de temps, groupe nominal prépositionnel ou non, groupe infinitif prépositionnel, gérondif, subordonnée participiale (→ fiche 21 p. 31).

Exemples « Vous recevrez **demain** ou **après-demain**, peut-être même **ce soir**, votre nomination. » **(H. de Balzac)**
« Annoncez-lui **pendant** sa digestion, la faillite de son banquier. » (*Ibid.*) « Il jeta une pièce en l'air **en criant**. » (*Ibid.*)
« Une porte s'ouvre et claque sous une main invisible, **après** avoir livré passage à Toby-Chien. » **(Colette)**

7 * **Soulignez les subordonnées circonstancielles de temps et entourez les conjonctions ou locutions qui les introduisent.**

a. Avant d'entrer dans le cabinet, le roi recommanda qu'on le vînt prévenir aussitôt que paraîtrait le cardinal.

b. Le roi figurait en face de la reine, et chaque fois qu'il passait près d'elle, il dévorait du regard ces ferrets dont il ne pouvait savoir le compte.

c. La reine venait de regagner sa chambre, et d'Artagnan s'apprêtait à se retirer, lorsqu'il sentit qu'on lui touchait légèrement l'épaule ; il se retourna, et vit une jeune femme qui lui faisait signe de la suivre.

Alexandre Dumas, *Les Trois mousquetaires*, 1844.

8 ** **Remplacez les passages soulignés par une proposition circonstancielle de temps.**

a. En montant l'escalier intérieur qui conduisait aux salles situées au premier étage, il vit des boucliers votifs, des panoplies…

....

b. – Vous avez des millions ici, s'écria le jeune homme en arrivant à la pièce qui terminait une immense enfilade d'appartements dorés et sculptés par des artistes du siècle dernier.

....

....

c. Après avoir interprété le silence de l'inconnu comme un souhait, l'apprenti le laissa seul dans le cabinet.

Honoré de Balzac, *La Peau de chagrin*, 1831.

....

9 *** **Remplacez les subordonnées soulignées par les équivalents indiqués.**

a. Dès qu'il fut parti, ils se concertèrent, discutèrent longuement… **(A. Chedid)**

(*GN prépositionnel*) → ....

b. Quand je me regarde, j'ai l'impression d'être un petit vieillard. **(Y. Reza)**

(*Gérondif*) → ....

c. En effet, lorsque j'eus pénétré dans la salle à manger, immédiatement suivi de la visiteuse, ma mère apparut tenant à deux mains sur sa tête des fils de laiton, des rubans et des plumes.

(Alain-Fournier)

(*Groupe infinitif prépositionnel*) → ....

Les subordonnées circonstancielles de cause, de conséquence et de but

→ Corrigé de l'exercice 10 p. 78

Cause, conséquence et **but** sont des rapports logiques qui peuvent unir des propositions ou des phrases.

Subordonnée circonstancielle de	Exprime	Est introduite par (+ mode)	Exemples
cause (CC de cause de la principale)	l'origine, le motif d'une action.	*parce que, comme, puisque...* + **indicatif**	« Je m'adresse à toi **parce que** tu **es** un homme calme et aussi **parce que** tu **m'as servi** de témoin dans notre affaire. » (**G. de Maupassant**)
conséquence (CC de conséquence de la principale)	le résultat d'une action. Elle est placée après la principale.	*si bien que, de (telle) sorte que..., que* en corrélation avec un adverbe dans la principale (*si, tant...*) + **indicatif**	« Il m'ordonna si absolument de manger quelque chose, **que** je le **fis** par respect pour ses ordres. » (**Abbé Prévost**)
but (CC de but de la principale)	l'objectif visé, le résultat qu'on veut obtenir.	*pour que, afin que, de peur que...* + **subjonctif**	« Daphis. – Mais **afin que** l'issue en **soit** pour vous meilleure, Laissez-moi ce causeur à gouverner une heure. » (**P. Corneille**)

→ **Équivalences** : groupe prépositionnel, gérondif, subordonnée participiale.

Exemples « Pylade. – Et chaque jour encor on lui voit tout tenter/**Pour** fléchir sa captive, ou pour l'épouvanter. » (**Racine**)
« Vraiment vous êtes un sujet précieux **pour** l'observation médicale ! » (**H. de Balzac**)
« **En réduisant** l'existence à ses vrais besoins, au strict nécessaire, je trouvais que trois cent soixante-cinq francs par an devaient suffire à ma pauvreté. » (***Ibid.***)

10 * Délimitez les subordonnées circonstancielles de but et précisez le mode du verbe.

a. Faites que le rêve dévore votre vie afin que la vie ne dévore pas votre rêve. (**A. de Saint-Exupéry**)
b. On avait enlevé, pour qu'il s'y installât , les têtières en dentelle des fauteuils, relevé le tapis et mis de côté les objets fragiles. (**Alain-Fournier**)

....

11 ** Quelle est la nature des groupes soulignés ? Indiquez s'ils expriment la cause, la conséquence ou le but.

a. Créon. – Le cadavre de ton frère qui pourrit sous mes fenêtres, c'est assez payé pour que l'ordre règne dans Thèbes. (**J. Anouilh**) ....

b. Au retour, la grande porte du palais étant embarrassée par les préparatifs d'une illumination, la voiture rentra par les cours de derrière. (**Stendhal**)

....

c. La richesse des Roudier et des Granoux exaspérait Aristide au point de lui faire perdre toute prudence. (**É. Zola**) ....

12 * Vers le BAC Relevez et analysez les subordonnées circonstancielles dans les phrases suivantes.**

a. [Il y avait une fille] dont l'air et la figure étaient si peu conformes à sa condition qu'en tout autre état je l'eusse prise pour une personne du premier rang.

....

....

b. Je ne laisse pas d'avoir quelques égards pour elle, parce qu'il me semble qu'elle vaut un peu mieux que ses compagnes.

....

.... **Abbé Prévost**, *Manon Lescaut*, 1731.

Les subordonnées circonstancielles de condition

→ Corrigé de l'exercice 13 p. 78

Subordonnée circonstancielle de	Exprime	Est introduite par (+ mode)	Exemples
condition (CC de condition de la principale)	la condition dont dépend la réalisation de l'action principale.	la conjonction *si* + **indicatif**	« Je m'engageai, par mille serments, à faire un jour leur fortune, **s'ils voulaient** consentir à mon évasion. » (**Abbé Prévost**)
		les locutions conjonctives – *au cas où* + **conditionnel** ; – *à condition que, pourvu que, pour peu que…* + **subjonctif**.	« Qu'importe le flacon **pourvu qu'on ait** l'ivresse. » (**A. de Musset**)

→ La subordonnée circonstancielle de condition introduite par *si* peut exprimer une **hypothèse** :

1. **probable** : *Si* + présent + principale au présent/futur ;
2. **possible** ou **non réalisée dans le présent** : *Si* + imparfait + principale au conditionnel présent ;
3. **non réalisée dans le passé** : *Si* + plus-que-parfait + principale au conditionnel passé.

Exemples 1. **S'il pleut**, je **reste/resterai** ici. 2. **S'il pleuvait**, je **resterais** ici. 3. **S'il avait plu**, je **serais restée** ici.

→ **Équivalences** : groupe prépositionnel, gérondif.

Exemple « **Sans** la révolution de juillet, je me faisais prêtre. » (**H. de Balzac**)

13 * a. **Soulignez dans ces passages les propositions subordonnées circonstancielles de condition et encadrez les conjonctions qui les introduisent. À quels temps et mode sont les verbes des subordonnées ? b. Reformulez en subordonnée de condition *À défaut du pardon* (phrase 2.).**

1. « Si vous voulez me suivre, nous visiterons l'arrière du Nautilus » […] Les cloisons étanches étaient percées de portes qui le fermaient hermétiquement au moyen d'obturateurs en caoutchouc, et elles assuraient toute sécurité à bord du Nautilus au cas où une voie d'eau se fût déclarée. (**J. Verne**)

2. LA MUSE. – Poète, c'est assez. […]
Si tu veux être aimé, respecte ton amour.
Si l'effort est trop grand pour la faiblesse humaine
De pardonner les maux qui nous viennent d'autrui,
Épargne-toi du moins le tourment de la haine ;
À défaut du pardon, laisse venir l'oubli. (**A. de Musset**)

14 *** Vers le BAC **Relevez et analysez les subordonnées circonstancielles de condition (précisez le type d'hypothèse exprimé).**

a. Si elle avait des enfants, elle leur défendrait de manger leur viande sans pain, ou de tenir leur cuiller avec la main gauche.

subordonnée circonstantiel de condit° + indicatif
Non réalisé dans le present

b. Et si tu passais, en juin, entre les prairies fauchées, à l'heure où la lune ruisselle sur les meules rondes qui sont les dunes de mon pays, tu sentirais, à leur parfum, s'ouvrir ton cœur.

subor conjonctif circonstanciel de condit° si + indicatif

c. Le mal de mer me guette, si je persiste à regarder les remous mauves et jaunes…

Colette, *Les Vrilles de la vigne*, 1908, © Librairie Arthème Fayard, 2004.

19

Les propositions subordonnées et les relations logiques

Les subordonnées circonstancielles d'opposition et de concession

→ Corrigé de l'exercice 15 p. 78

Subordonnée circonstancielle	Exprime	Est introduite par (+ mode)	Exemples
d'opposition (CC d'opposition de la principale)	l'opposition entre deux faits.	*alors que, tandis que...* ⊕ **indicatif** ; *sans que* ⊕ **subjonctif**.	« Les premières semblaient ne pas me voir, **tandis que** les autres me **répondaient** sans avoir l'air de me connaître. » (**G. de Nerval**)
de concession (CC de concession de la principale)	une cause empêchant sans effet sur l'action de la principale.	*bien que, quoique...* ⊕ **subjonctif**	« **Bien qu'**elle **parût** très faible encore, elle s'était habillée comme pour sortir. » (**Alain-Fournier**)

→ **Équivalences :** groupe prépositionnel comportant un nom ou un pronom (introduit par *en dépit de, malgré...*), groupe infinitif prépositionnel (introduit par *loin de, sans, au lieu de...*), gérondif précédé de *tout*.

Exemple « ARLEQUIN. – Et tu sais bien que nous nous sommes promis fidélité **en dépit de** toutes les fautes d'orthographe. » (**Marivaux**)

15 * **Soulignez les subordonnées d'opposition et encadrez les subordonnées de concession. Entourez la conjonction qui les introduit.**

a. Quoiqu'il n'entrât pas dans les idées du généreux gentilhomme de solliciter des grâces, il céda néanmoins aux désirs de sa femme, quitta son domaine [...] et vint à Paris. (**H. de Balzac**) → sub imparfait

b. Entre la logique de la révolution et sa philosophie il y a cette différence que sa logique peut conclure à la guerre, tandis que sa philosophie ne peut aboutir qu'à la paix. (**V. Hugo**) → indicatif présent

c. BÉRÉNICE. – Que le jour recommence, et que le jour finisse,
Sans que jamais Titus puisse voir Bérénice,
Sans que de tout le jour je puisse voir Titus ? (**J. Racine**) → sub present

d. Bien que la nouveauté amène parfois la crainte, les Français comprendront bientôt les bienfaits de ce projet. (**G. Eiffel**) → sub

16 ** **Transformez chaque phrase afin que la proposition ou l'expression soulignée devienne une subordonnée circonstancielle d'opposition ou de concession.**

a. Elle a eu un petit recul, mais n'a fait aucune remarque. (**A. Camus**)

Bien qu'elle ait eu un petit recul elle n'a fait aucune remarque

b. Il était venu à la messe pour s'y montrer, et il se cache. (**J. de La Bruyère**)

Il se cache alors qu'il est venu à la messe pour s'y montrer

c. Malgré la détresse qui se révélait dans les choses, la modestie d'une vie studieuse respirait là. (**H. de Balzac**)

La modestie d'une vie studieuse respirait là, malgré la détresse qui se révélait dans les choses.

17 *** Vers le BAC **Relevez et analysez les expressions de la concession et de l'opposition (nature et fonction des groupes ou propositions relevés et circonstance exprimée).**

J'avais le défaut d'être excessivement timide et facile à déconcerter ; mais loin d'être arrêté alors par cette faiblesse, je m'avançai vers la maîtresse de mon cœur. Quoiqu'elle fût encore moins âgée que moi, elle reçut mes politesses sans paraître embarrassée.

Abbé Prévost, *Manon Lescaut*, 1731.

subordonnée conjonctive circonstanciel de concession, introduite par la conjonction de subordination "quoique" et par le subjonctif passé du verbe être

Les subordonnées circonstancielles de comparaison

→ Corrigé de l'exercice 18 p. 78

Subordonnée circonstancielle de	Exprime	Est introduite par (+ mode)	Exemples
comparaison (CC de comparaison de la principale)	un rapport d'analogie (ressemblances ou différences, proportions...) entre deux propositions.	les conjonctions et locutions conjonctives *comme, ainsi que, de même que...* + **indicatif**	«Il pleure dans mon cœur **Comme** il **pleut** sur la ville.» (P. Verlaine)
		que en corrélation avec un adjectif ou un adverbe (*tel, plus, moins, autant...*) de la principale + **indicatif**	«TOINETTE. – Oui vous êtes fort malade, j'en demeure d'accord, et **plus** malade que vous ne le **pensez**...» (Molière)

Remarque : *comme, ainsi que* peuvent être suivis d'un groupe nominal sans verbe.

Exemple «La Terre est bleue **comme** une orange.» (P. Eluard)

→ La comparaison peut aussi s'exprimer par :
1. le comparatif ou le superlatif des adjectifs et des adverbes ;
2. un groupe prépositionnel introduit par *à l'exemple de, en comparaison de...*

Exemples 1. «Car qu'est-ce qui est **plus** égoïste **que** la paresse ?» (H. Michaux) 2. «Il courait **comme** une tortue **en comparaison** des maigres Français qui arrivaient en bondissant **comme** un troupeau de chèvres.» (G. de Maupassant)

18 * Soulignez les subordonnées circonstancielles de comparaison et entourez la conjonction qui les introduit.

a. Corneille peint les hommes comme ils devraient être, Racine les peint tels qu'ils sont. (J. La Bruyère)
b. Ayez, si vous pouvez, un langage simple, et tel que l'ont ceux en qui vous ne trouvez aucun esprit : peut-être alors croira-t-on que vous en avez. (*Ibid.*)
c. Puis, comme il lui prenait les mains, ayant l'air de jouer, ainsi qu'ils jouaient ensemble autrefois, elle devint sérieuse... (É. Zola)

19 ** Quelle circonstance est exprimée dans les subordonnées introduites par *comme* ?

a. Chacune d'elles avait ses fidèles, elles s'observaient toutes du coin de l'œil, plusieurs brillaient d'une beauté triomphante, **comme était ma mère**. (H. de Balzac)

ressemblance

b. La musique a besoin de solfège, **comme la parole a besoin de grammaire**. (É. Orsenna)

comparaison

c. **Comme il se relevait**, en nettoyant machinalement avec sa main sa petite blouse toute sale de poussière, quelqu'un lui cria : « Va le dire à ton papa. » (G. de Maupassant)

proportion

20 *** Vers le BAC Relevez et analysez l'expression de la comparaison dans chaque extrait des *Fleurs du Mal*.

a. Ô métamorphose mystique
De tous mes sens fondus en un !
Son haleine fait la musique,
Comme sa voix fait le parfum !
(«Toute entière»)

Son haleine fait la musique,
comme sa voix le parfum !
↳ ressemblance

b. Loin des sépultures célèbres,
Vers un cimetière isolé,
Mon cœur, comme un tambour voilé,
Va battant des marches funèbres.
(«Le Guignon»)
Charles Baudelaire, *Les Fleurs du Mal*, 1857.

Mon coeur, comme un tambour
voilé, va battant des marches funèb
↳ proportion

21 Les subordonnées infinitive et participiale

→ Corrigé de l'exercice 21 p. 78

Les **propositions subordonnées infinitive et participiale** ne sont pas introduites par un mot subordonnant. Elles ont un **sujet propre**, différent de celui de la principale.

→ La **subordonnée infinitive** a pour noyau un verbe à l'infinitif. Elle est toujours COD du verbe de la principale qui est un verbe de perception (*voir, entendre*...) ou un verbe de mouvement comme *emmener*... Le sujet du verbe à l'infinitif peut se placer avant ou après le verbe. Elle est l'équivalent d'une subordonnée conjonctive en *que*.

Exemple « Je vis Son Altesse **se pencher** vers un petit page. » (**Ch. Baudelaire**)
= que Son Altesse se penchait vers un petit page.

→ La **subordonnée participiale** a un verbe au **participe présent ou passé**. Elle peut avoir différentes valeurs circonstancielles (temps, cause, condition, opposition/concession).

Exemple « Un soir, aussitôt l'enfant **parti**, il renversa la lourde muraille et se précipita à sa suite. » (**H. de Monfreid**)
(aussitôt l'enfant parti : CC de temps)

Subordonnée infinitive
- sujet propre + verbe à l'infinitif
- fonction = COD du verbe de la principale

Subordonnée participiale
- sujet propre + verbe au participe présent ou passé
- fonction = CC de la principale

21 * **Soulignez les subordonnées participiales et encadrez leur sujet. Précisez leur valeur circonstancielle.**

a. Quand nous en sortîmes, un gros nuage [...] ayant laissé tomber quelques gouttes d'eau, nous montâmes dans un fiacre. (**H. de Balzac**)

....

b. Le jour du départ, à la dernière heure, les préparatifs étant terminés et les grandes malles fermées, nous étions tous dans le salon, réunis en silence comme pour un deuil. (**P. Loti**)

....

c. Les vacances arrivant, je me préparais à retourner chez mon père qui m'avait promis de m'envoyer bientôt à l'Académie. (**Abbé Prévost**)

....

22 ** **Soulignez les subordonnées infinitives, indiquez leur sujet et donnez leur fonction.**

a. Je vois rêver Platon et penser Aristote.
J'écoute, j'applaudis et poursuis mon chemin... (**A. de Musset**)

....

c. J'ai vu parfois, au fond d'un théâtre banal
Qu'enflammait l'orchestre sonore,
Une fée allumer dans un ciel infernal
Une miraculeuse aurore;
J'ai vu parfois au fond d'un théâtre banal
Un être, qui n'était que lumière, or et gaze,
Terrasser l'énorme Satan. (**Ch. Baudelaire**)

....

23 *** Vers le BAC **Repérez une subordonnée participiale et analysez-la (précisez son sujet et sa fonction).**

Il n'était pas voûté, mais cassé, son échine
Faisant avec sa jambe un parfait angle droit,
Si bien que son bâton, parachevant sa mine,
Lui donnait la tournure et le pas maladroit
D'un quadrupède infirme [...].

Charles Baudelaire, « Les sept vieillards », *Les Fleurs du Mal*, 1857.

....
....
....

Bilan Les propositions subordonnées et les relations logiques

vidéo mémo
www.lienmini.fr/grev-025

exercices interactifs
www.lienmini.fr/grev-026

24 * Relevez les subordonnées circonstancielles et indiquez si elles expriment le temps, la cause, le but ou la conséquence.

a. Mais n'ayez nul souci : votre fortune est assez considérable pour que vous ne soyez à charge ni à votre mère ni à moi. (**H. de Balzac**)

but

b. « C'est grand dommage, mon pauvre Chevalier, de te faire entrer dans l'ordre de Malte, puisque tu as tant de dispositions à faire un mari patient et commode. » (**Abbé Prévost**)

cause

c. Il la regarda encore une fois, mais d'une façon si violente qu'elle baissa la tête en rougissant. (**G. Flaubert**)

concéquence

d. ARLEQUIN. – Je vous tiendrai compagnie de peur que l'ennui ne nous prenne, nous discourrons en attendant. (**Marivaux**)

but

e. Elle ignorait quand elle le suivait des yeux que ce mutilé avait autrefois pu courir à la rencontre de tous les risques. (**Colette**)

temps

25 ** Soulignez les subordonnées d'opposition et encadrez les subordonnées de concession.

a. MONSIEUR RÉMY. – [...] Je n'aurais jamais deviné la beauté des scrupules de ce cœur-là, qui veut qu'on reste intendant de la maison d'autrui, pendant qu'on peut l'être de la sienne.

b. ARAMINTE. – Il est vrai que je suis toujours fâchée de voir d'honnêtes gens sans fortune, tandis qu'une infinité de gens de rien, et sans mérite, en ont une éclatante.

c. ARAMINTE. – [...] Montrez-moi ce portrait.
DORANTE. – Daignez m'en dispenser, Madame ; quoique mon amour soit sans espérance, je n'en dois pas moins un secret inviolable à l'objet aimé.

d. LE COMTE. – Quoique je n'aie aucune part à ce qui vient de se passer, je m'aperçois que trop, Madame, que je ne suis pas exempt de votre mauvaise humeur, et je serai fâché d'y contribuer davantage par ma présence.

Marivaux, *Les Fausses Confidences*, 1737.

26 ** Quelle est la valeur circonstancielle des subordonnées introduites par *comme* ?

a. Il lâcha un dernier coup, et ils tombèrent sur lui, comme son fusil fumait encore. (**É. Zola**)

b. Oh ! non, l'expérience jette aujourd'hui sa triste lumière sur les événements passés, et le souvenir m'apporte ces images, comme par beau temps les flots de la mer amènent brin à brin les débris d'un naufrage sur la grève. (**H. de Balzac**)

c. Je peuple l'espace vide de mes pensées, tout comme il peuplait l'horizon de ses craintes. (**J. Vallès**)

d. Comme le vent était tombé, il nous fallait attendre pour partir une nouvelle brise. (**F.-R. de Chateaubriand**)

27 ** Relevez les subordonnées infinitives et participiales et précisez leur fonction.

a. Le meunier restait grave. Il voyait son moulin flamber comme une torche. (**É. Zola**)

b. L'après-midi, Nantas alla soumettre à l'empereur le projet définitif de budget. Celui-ci lui ayant fait quelques objections, il les discuta avec une lucidité parfaite. (***Ibid.***)

c. Sa grande bouche généreuse s'ouvrait, et j'en voyais s'envoler les notes brûlantes, les unes pareilles à des bulles d'or, les autres comme de rondes roses pures… (**Colette**)

d. Là, j'ai vu bien souvent Charles deux, morne
[et sombre,
Assister aux conseils où l'on pillait son bien,
Où l'on vendait l'état. (**V. Hugo**)

28 * Vers le BAC Relevez les propositions subordonnées dans cet extrait et précisez leur nature et leur fonction.**

Je remarquai que mon père balançait[1] s'il achèverait de s'expliquer. [...] Il me demanda d'abord si j'avais toujours eu la simplicité de croire que je fusse aimé de ma maîtresse. Je lui dis hardiment que j'en étais si sûr que rien ne pouvait m'en donner la moindre défiance.

1. Se demandait.

Abbé Prévost, *Manon Lescaut*, 1731.

29 * Vers le BAC Relevez et analysez les subordonnées relatives de cet extrait.**

« Ah ! Ah ! me dit Rastignac en me voyant entrer chez lui dès neuf heures du matin, je sais ce qui t'amène, tu dois être congédié par Foedora... Dieu sait les folies que tes rivaux t'ont prêtées et les calomnies dont tu as été l'objet ! »

Honoré de Balzac, *La Peau de chagrin*, 1831.

30 * Vers le BAC Analysez les subordonnées introduites par *si*.**

a. Enfin, il me semble que vous iriez loin, si quelqu'un vous tendait la main. (**É. Zola**)

b. Il se tourna vers mon frère pour lui demander s'il ne m'avait pas raconté toute l'histoire. (**Abbé Prévost**)

c. CLÉANTHIS. – Eh ! mais la belle conversation !
ARLEQUIN. – Je crains que cela ne vous fasse bâiller, j'en bâille déjà. Si je devenais amoureux de vous, cela amuserait davantage. (**Marivaux**)

d. « Madame veut-elle me dire si elle veut les limandes frites ou gratinées ce soir ? » (**Colette**)

31 * Vers le BAC Relevez et analysez les propositions subordonnées.**

a. Ils étaient si doux que nul ne les pouvait atteindre ni diviser.

b. L'aîné commandait, le second mêlait, à son zèle, une fantaisie qui l'isolait du monde.

c. Mais l'aîné savait qu'il allait commencer ses études de médecine, tandis que le second espérait sourdement que rien ne commencerait jamais pour lui, sauf le jour suivant, sauf l'heure d'échapper à une contrainte civilisée.

Colette, *Sido*, 1930,

L'interrogation directe totale

→ Corrigé de l'exercice 1 p. 78

L'**interrogation directe** s'exprime dans une proposition indépendante ou principale. C'est un type de phrase qui sert à accomplir un **acte de questionnement**.

→ L'interrogation directe est **totale**, lorsqu'elle porte globalement sur toute la phrase (→ réponse globale équivalant à *oui*, *non* ou *si*). Elle se caractérise par une courbe intonative montante.

→ On distingue **trois structures d'interrogation totale** :
1. la **seule intonation interrogative**, marquée à l'écrit par le point d'interrogation final ;
2. la **locution *est-ce que*** placée en tête de phrase, associée à l'intonation ou au point d'interrogation final ;
3. l'**inversion du sujet**, simple (pronoms personnels) ou complexe (GN sujet ou nom propre avec reprise pronominale), associée à l'intonation ou au point d'interrogation final.

Exemples 1. « Vous connaissez son métier, vous savez ce qu'il fait dans la vie ? » (**J.-L. Lagarce**)
2. « **Est-ce qu'**on sait ? » (***Ibid.***)
3. « **Puis-je** me flatter que deux mois de prison lui paraîtront une expiation suffisante ? » (**Abbé Prévost**)
« **La Providence** n'**a-t-elle** pas arrangé les choses fort sagement ? » (***Ibid.***)

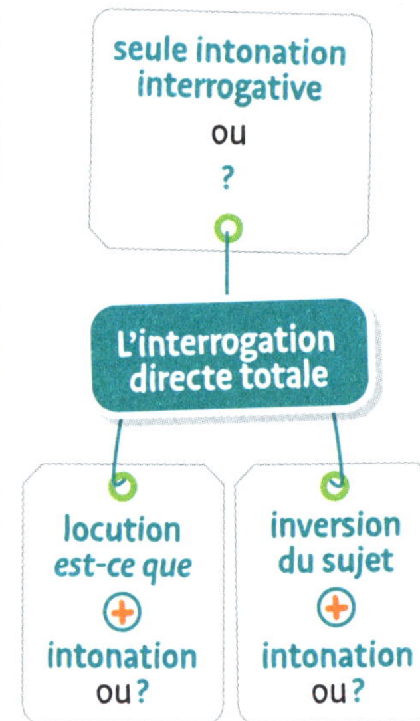

1 Écrivez les questions (avec inversion du sujet) auxquelles ces phrases répondent.

a. Cette digne négociation est le vrai devoir d'une Reine.

b. Tous les cœurs se rallieront autour de la patrie pour la défendre.

c. Tout bon Citoyen sacrifie sa gloire, ses intérêts, quand il n'a pour objet que ceux de son pays.

Olympe de Gouges, *Déclaration des droits de la femme et de la citoyenne*, 1791.

2 Vers le BAC **Transformez les phrases déclaratives en phrases interrogatives avec inversion du sujet.**

Autrefois, le rossignol ne chantait pas la nuit. Il avait un gentil filet et s'en servait avec adresse du matin au soir, le printemps venu. Il se levait avec les camarades, dans l'aube grise et bleue, et leur éveil effarouché secouait les hannetons endormis à l'envers des feuilles de lilas.

Colette, *Les Vrilles de la vigne*, 1908, © Librairie Arthème Fayard, 2004.

3 Vers le BAC **Analysez la structure des phrases interrogatives.**

a. Dubois. – Vous n'avez rien dit de notre projet à M. Remy, votre parent ?
b. Marton. – Votre amour me paraît bien prompt ; sera-t-il aussi durable ?
c. Araminte. – Vous êtes au fait des affaires apparemment ? vous y avez travaillé ?
d. Arlequin. – Est-ce que je ne serai plus à moi ?
e. Dorante. – Les paroles sont-elles données de part et d'autre ?
f. Marton. – Avez-vous remarqué le portrait ?

Marivaux, *Les Fausses Confidences*, 1738.

L'interrogation directe partielle

→ Corrigé de l'exercice 4 p. 78

L'**interrogation directe partielle** porte sur une partie de la phrase (sujet, attribut, COD, COI, CC), pointée par un mot interrogatif. On distingue **deux structures principales** :

→ l'**interrogation avec un terme simple** formulée au moyen de mots interrogatifs placés en tête de phrase :

1. les pronoms *qui*, *que*, *lequel*, ou le déterminant *quel* + nom ;
2. les pronoms *qui*, *quoi* précédés d'une préposition (*à*, *de*...) ;
3. les adverbes *où*, *quand*, *comment*, *combien*, *pourquoi*.

Le sujet est inversé sauf le pronom interrogatif *qui* sujet.

Exemples 1. « **Qui** [sujet] parle de mort ? » (**H. de Balzac**) « **Que** [COD] voulez-vous que je dise ? » (**J.-L. Lagarce**)
2. « **De quoi** [COI] s'agit-il donc ? » (**H. de Balzac**) « **Quel** [COD] effet voulez-vous produire ? » (*Ibid.*)
3. « **Où** [CC de lieu] avez-vous étudié la médecine ? » (*Ibid.*) « **Quand** [CC de temps] me paierez-vous ? » (*Ibid.*) « **Pourquoi** [CC de cause] la Mort devrait-elle me rendre bon ? » (**J.-L. Lagarce**)

→ l'**interrogation renforcée par *est-ce qui/que***.

Exemples « **Qui est-ce qui** a fait cette dépense-là ? » (**Marivaux**) « **Qui est-ce que** ce monsieur-là ? » (**H. de Balzac**) « **Qu'est-ce** donc **qui** peut durer ? » (**A. Camus**) « **Qu'est-ce que** j'ai dit ? » (**J.-L. Lagarce**) « **Pourquoi est-ce que** tu me racontes ça ? » (*Ibid.*) « **Comment est-ce que** vous avez dit ? » (*Ibid.*)

Remarque : ***qui/qu'est-ce qui/que*** = pronom interrogatif (*qui* humain/*qu'* non humain) + *est* + pronom *ce* + pronom relatif (*qui* sujet/*que* attribut ou COD).

interrogation avec un terme simple
qui, que, lequel ou quel + nom
préposition + qui, quoi
où, quand, comment, combien, pourquoi

L'interrogation directe partielle

interrogation renforcée par est-ce qui/que

4 ★ **Ajoutez les mots interrogatifs qui conviennent.**

a. .... vient ? .... m'appelle ? (d'apr. **A. Musset**)

b. .... murmuraient les chênes ? (d'apr. **V. Hugo**)

c. .... vous verrai-je ? (d'apr. **J.-K. Huysmans**)

d. .... finit le quai Malaquais, ... commence le quai de Conti ? (d'apr. **L.-P. Fargue**)

5 ★★ **Vers le BAC** **Transformez les phrases déclaratives en phrases interrogatives en remplaçant les mots soulignés par des mots interrogatifs.**

Le mouvement complète ainsi son action.
Grâce à toi, progrès saint, la Révolution
Vibre aujourd'hui dans l'air, dans la voix, dans le livre.
Dans le mot palpitant le lecteur la sent vivre.
Elle crie, elle chante, elle enseigne, elle rit.
Sa langue est déliée ainsi que son esprit.

Victor Hugo, *Les Contemplations*, « Réponse à un acte d'accusation », 1834.

....

....

6 ★★★ **Vers le BAC** **Analysez les phrases interrogatives (structure, mot interrogatif et sa fonction).**

a. Catherine. – Où est-ce que tu vas ?

....

b. La mère. – Que ferez-vous de moi et de toutes ces choses qui m'appartiennent ?

....

c. Louis. – Qui est-ce qui m'a mis une idée pareille en tête ?

....

....

Jean-Luc Lagarce, *Juste la fin du monde*, © Les Solitaires intempestifs, 1990.

L'interrogation indirecte

L'**interrogation indirecte** s'exprime dans **une subordonnée interrogative, généralement complément d'objet direct d'un verbe** impliquant une ignorance ou une demande d'information (*se demander, ignorer, ne pas savoir*...).

→ La subordonnée interrogative équivaut à un groupe nominal ou un pronom.

Exemple «J'ignorais **comment** j'avais pu vivre sans argent.» = J'ignorais cela. (**H. de Balzac**)

→ La subordination supprime l'intonation montante et la ponctuation interrogative, ainsi que l'inversion du sujet.

→ On distingue aussi :

1. l'**interrogation totale** introduite par la conjonction *si*.

2. l'**interrogation partielle** introduite par les mêmes mots que dans les phrases interrogatives directes partielles (***qui, où, quand, comment, pourquoi***...), sauf *ce qui/ce que* qui remplacent *que*.

Exemples **1.** «Il se tourna vers mon frère, pour lui demander **s'il** ne m'avait pas raconté toute l'histoire.» (**Abbé Prévost**)

2. «Il eut la précaution de demander au travers de la porte, **qui** c'était et **ce qu'**on voulait de lui.» (***Ibid.***) «La seule objection qu'il ajouta fut de me demander **pourquoi** je n'entrais pas du moins dans mes propres principes.» (***Ibid.***)

L'interrogation indirecte

verbe (*se demander, ignorer, ne pas savoir...*)

+

subordonnée interrogative COD

interrogation totale : *si*

interrogation partielle : *qui, où, quand, comment, pourquoi...* ou *ce qui/ce que*

7 ★★ **Transformez les interrogations indirectes en interrogations directes en supprimant la principale.**

a. Ah ! vous ignorez ce que c'est que d'être condamnée au plaisir avec un mort dans le cœur. (**H. de Balzac**)

....

b. Je ne sais pas bien ce que nous appelons, en poésie ou dans la conversation, amour. (***Ibid.***)

....

c. Voyez si ce spectacle n'est pas capable de fendre le cœur ! (**Abbé Prévost**)

....

d. Je lui demandai ce qui l'amenait à Amiens et si elle y avait quelques personnes de connaissance. (***Ibid.***)

....

e. Mais apprends-moi du moins […] pourquoi, comment, à quel dessein tu as été envoyée ici. (***Ibid.***)

....

8 ★★★ Vers le BAC **Repérez les subordonnées interrogatives indirectes et analysez-les.**

a. LA MÈRE. – Ce n'est pas méchant ce que je dis. (**J.-L. Lagarce**)

b. MONSIEUR RÉMY. – Vous ne savez ce que vous dites. (**Marivaux**)

c. MONSIEUR RÉMY. – Voici mademoiselle Marton ; éloignez-vous de deux pas pour me donner le temps de lui demander comment elle vous trouve. (***Ibid.***)

d. DORANTE. – Je ne sens rien qui m'humilie dans le parti que je prends. (***Ibid.***)

e. DUBOIS. – Hélas ! le bon homme, il ne sait pas qui il vous donne. (***Ibid.***)

....

....

....

....

....

....

....

La pragmatique de l'interrogation

→ Corrigé de l'exercice 9 p. 79

La **pragmatique de l'interrogation** renvoie aux **actes de langage** qu'on peut accomplir en utilisant l'interrogation dans une situation particulière.

→ La valeur ordinaire de la phrase interrogative est l'**acte d'interroger** : le locuteur demande une réponse à son interlocuteur.

Exemples « Pourquoi me pressez-vous la main ? » (**V. Hugo**)
« On entendit un roi dire : "Quelle heure est-il" ? » (***Ibid.***)

→ Dans certaines situations, la phrase interrogative prend **indirectement** la valeur d'un autre acte de langage :
1. une **valeur injonctive** (demande, ordre) ;
2. une **valeur déclarative**, décrite par la rhétorique comme une **interrogation oratoire** ou une **question rhétorique**.

Exemples **1.** « Voulez-vous que nous procédions au testament ? » = Procédons au testament. (**Molière**) **2.** « Ne m'avez-vous pas appelé ? » (***Ibid.***)
« Se souvient-on qu'il fut jadis des roses ? » (**V. Hugo**)

→ Ces fausses interrogations (déclaratives) impliquent le **contraire** de ce qu'exprime leur **forme grammaticale** : **affirmatives**, elles **nient** (*On ne se souvient pas qu'il fut jadis des roses.*) ; **négatives**, elles **affirment** (*Vous m'avez appelé.*).

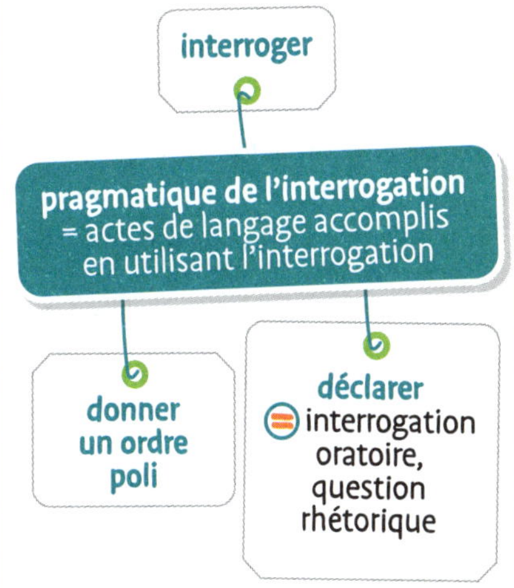

9 * **Analysez les phrases interrogatives et précisez leur valeur.**

a. GARCIN. – Veux-tu croire en moi ? Tu me serais plus chère que moi-même.
b. ESTELLE. – Où voulais-tu aller ?
GARCIN. – À Mexico.
c. GARCIN. – Auras-tu confiance en moi ?
ESTELLE. – Quelle drôle de question [...].
d. INÈS. – Est-ce que j'ai une tête à lâcher prise ?
e. GARCIN. – Est-ce que nous ne pourrions pas essayer de nous aider les uns les autres ?

Jean-Paul Sartre, *Huis clos*, © Éditions Gallimard, 1947.

....

....

....

10 ** Vers le BAC **Analysez les phrases interrogatives en distinguant vraies et fausses questions.**

Femmes, quand cesserez-vous d'être aveugles ? Quels sont les avantages que vous avez recueillis dans la révolution ? Un mépris plus marqué, un dédain plus signalé. Dans les siècles de corruption vous n'avez régné que sur la faiblesse des hommes. Votre empire est détruit ; que vous reste-t-il donc ? La conviction des injustices de l'homme. La réclamation de votre patrimoine, fondée sur les sages décrets de la nature ; qu'auriez-vous à redouter pour une si belle entreprise ? Le bon mot du Législateur des noces de Cana ?

Olympe de Gouges, *Déclaration des droits de la femme et de la citoyenne*, 1791.

....

....

....

....

....

....

....

Bilan L'interrogation

vidéo mémo
www.lienmini.fr/grev-027

exercices interactifs
www.lienmini.fr/grev-028

11 * Identifiez les phrases interrogatives dans ce texte.

– Lucie sentira-t-elle cela ? – Lucie prendra-t-elle intérêt à cela ? Lucie, toujours. Ton nom, prononcé si souvent, doit donc être inscrit en tête de ces pages : je ne sais la fortune qui leur est réservée, mais quelle qu'elle soit, elles m'auront donné des plaisirs qui valent tous les succès.

Hector Malot, dédicace de *Sans famille*, 1878.

12 ** Transformez les phrases déclaratives en phrases interrogatives. Vous remplacerez par un mot interrogatif les termes soulignés.

Monsieur Grandet quitta les honneurs municipaux sans aucun regret. Il avait fait faire dans l'intérêt de la ville d'excellents chemins qui menaient à ses propriétés. Sa maison et ses biens, très avantageusement cadastrés, payaient des impôts modérés. Depuis le classement de ses différents clos, ses vignes, grâce à des soins constants, étaient devenues la tête du pays […]. Il aurait pu demander la croix de la Légion-d'Honneur. Cet événement eut lieu en 1806.

Honoré de Balzac, *Eugénie Grandet*, 1834.

13 ** Relevez les mots interrogatifs et analysez leur fonction.

a. ARGAN. – Où est-ce donc que nous sommes ?

b. BÉLINE. – Pourquoi donc est-ce que vous mettez mon mari en colère ?

c. TOINETTE. – Quel âge croyez-vous bien que j'aie ?

d. TOINETTE. – Qui est votre médecin ?

e. TOINETTE. – Que sentez-vous ?

f. TOINETTE. – Que vous ordonne votre médecin pour votre nourriture ?

Molière, *Le Malade imaginaire*, 1673.

14 ** Vers le BAC Analysez les phrases interrogatives (question totale ou partielle, structure, mots interrogatifs).

a. MADAME ARGANTE. – Seriez-vous d'humeur à garder un intendant qui vous aime ?

b. MONSIEUR RÉMY. – Eh ! à qui voulez-vous donc qu'il s'attache ?

c. ARAMINTE. – Mais, en effet, pourquoi faut-il que mon intendant me haïsse ?

d. ARAMINTE. – Est-ce qu'on ne peut me voir sans m'aimer ?

Marivaux, *Les Fausses Confidences*, 1738.

15 ** Vers le BAC Analysez les structures interrogatives.

a. CATHERINE. – Que voulez-vous que je dise ?

b. ANTOINE. – Pourquoi est-ce que tu me dis ça ?

c. CATHERINE. – Vous connaissez sa situation ?

....

....

....

d. ANTOINE. – Comment est-ce que tu me parles ?

....

....

....

e. SUZANNE. – Est-ce qu'on peut deviner ces choses-là ?

....

....

....

f. LA MÈRE. – Tu as fait un bon voyage ?

....

....

....

....

....

Jean-Luc Lagarce, *Juste la fin du monde*,

16 *** Vers le BAC **Soulignez les interrogatives indirectes et justifiez votre réponse.**

a. Lui seul ignore combien il est au-dessous du sublime et de l'héroïque ; et, incapable de savoir jusqu'où l'on peut avoir de l'esprit, il croit naïvement que ce qu'il en a est tout ce que les hommes en sauraient avoir.

....

....

....

....

....

....

....

....

....

b. Je ne sais s'il y a rien au monde qui coûte davantage à approuver et à louer que ce qui est plus digne d'approbation et de louange, et si la vertu, le mérite, la beauté, les bonnes actions, les beaux ouvrages, ont un effet plus naturel et plus sûr que l'envie, la jalousie, et l'antipathie.

....

....

....

....

c. Je ne sais si un bienfait qui tombe sur un ingrat, et ainsi sur un indigne, ne change pas de nom, et s'il méritait plus de reconnaissance.

....

....

....

....

....

Jean de La Bruyère, *Les Caractères*, 1687.

17 ** Vers le BAC **Transformez les interrogations directes en interrogations indirectes.**

CLINDOR. – De quel manque, après tout, [as-tu lieu de te plaindre ?
En quelle occasion m'as-tu vu te contraindre ?
As-tu reçu de moi ni froideurs, ni mépris ?

Pierre Corneille, *L'Illusion comique*, V, 3, 1636.

Clindor demande à Isabelle ....

....

....

....

....

....

....

....

18 *** Vers le BAC **Distinguez les vraies et les fausses questions.**

a. ARGAN. – Mon lavement d'aujourd'hui a-t-il bien opéré ?

b. ANGÉLIQUE. – Et voudrais-tu que je fusse insensible aux tendres protestations de cette passion ardente qu'il témoigne pour moi ?
TOINETTE. – À Dieu ne plaise.

c. ARGAN. – Où est-ce donc que nous sommes ? et quelle audace est-ce là à une coquine de servante de parler de la sorte devant son maître ?

d. LE NOTAIRE. – Voulez-vous que nous procédions au testament ?

e. TOINETTE. – Monsieur, serez-vous insensible à tant d'amour ?

f. ARGAN. – Il dit que je deviendrai incurable avant qu'il soit quatre jours.
BÉRALDE. – Et ce qu'il dit, que fait-il à la chose ? Est-ce un oracle qui a parlé ?

Molière, *Le Malade imaginaire*, 1673.

....

....

....

....

....

L'expression de la négation

26 La phrase négative

→ Corrigé de l'exercice 1 p. 79

La **phrase négative** est une **forme de phrase**. Elle peut se combiner avec les types de phrase. On distingue trois **portées** de la négation : **totale, partielle** et **restrictive**.

→ La négation grammaticale est exprimée le plus souvent par **deux termes** encadrant le verbe et ses pronoms personnels compléments : ***ne*** adverbe de négation + **adverbe** *(pas, plus...)*, pronom *(personne, rien)*, déterminant *(aucun)*.
Remarque : à l'oral ou au niveau de langue familier, *ne* est souvent omis.

Exemples Je **n'**irai **pas** au théâtre. **Ne** fais confiance à **personne**, surtout pas à Socrate : il pervertit les jeunes esprits ! **Ne** lèvera-t-il **jamais** les yeux de ses livres ?

→ La **négation totale**, généralement exprimée par *ne ... pas, ne ... point* porte sur la **phrase entière**.
Remarque : *ne* peut s'employer seul.

Exemple Je **ne** viens **pas**. Je **n'**ose le dire. Je **ne** puis revenir.

→ La **négation partielle** porte sur un **constituant de la phrase**. Elle peut nier un **groupe nominal** (*nul, personne ≠ quelqu'un ; rien ≠ quelque chose ; aucun ≠ un*) ou une **circonstance**, surtout de **temps** et de **lieu** (*jamais ≠ toujours ; nulle part ≠ quelque part ; plus ≠ encore*).

Exemples **Nul ne** résiste à Don Juan. **Aucune** femme **ne** résiste à Casanova. Tartuffe **ne** recule devant **rien. Jamais** Manon **ne** cessa de l'aimer.

→ La **négation restrictive**, exprimée par *ne ... que* est une **fausse négation**. Elle peut être remplacée, en bloc, par l'adverbe *seulement*.

Exemples Marcel **ne** mange **que** des madeleines.
→ Marcel mange **seulement** des madeleines.

Remarques : 1. *Ne* n'a pas toujours un sens négatif : il peut alors être supprimé (*ne* explétif).
2. On peut coordonner deux éléments négatifs en utilisant la conjonction de coordination *ni*.
3. L'adverbe *non* peut être employé seul (mot-phrase), ajouté à la négation, ou utilisé pour exclure un élément dans une phrase affirmative.
4. Certains termes permettent de renforcer la négation.

Exemples **1.** Je crains qu'il **ne** parte. **2.** Prométhée **ne** craint **ni** les hommes **ni** les dieux. = ne craint pas les hommes et ne craint pas les dieux.
3. Est-ce que Marcel viendra ? – **Non.**/**Non**, il **ne** viendra **pas.**/Il est à Combray et **non** à Paris. **4.** Je **ne** veux même **plus** te voir **du tout**.

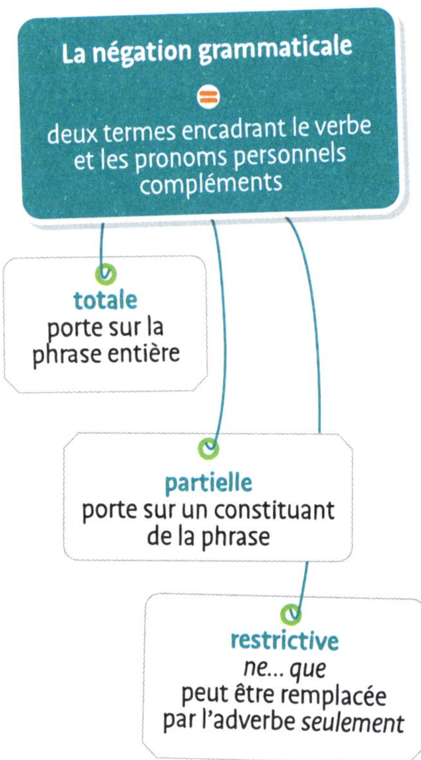

1 Dans la réplique ci-dessous, soulignez les termes exprimant la négation et indiquez leur classe grammaticale.

ÉGLÉ. – Et vous seriez bientôt rebutés de vous voir si vous ne vous quittiez jamais, car vous n'avez rien de beau à vous montrer ; moi qui vous aime, par exemple, quand je ne vous vois pas, je me passe de vous, je n'ai pas besoin de votre présence, pourquoi ? C'est que vous ne me charmez pas ; au lieu que nous nous charmons, Azor et moi ; il est si beau, moi si admirable, si attrayante, que nous nous ravissons en nous contemplant.

Marivaux, *La Dispute*, scène 6, 1744.

....

....

....

....

2 ** **a.** **Quelle phrase contient un *ne* explétif ?**
b. Indiquez la portée des négations contenues dans les autres phrases.
c. Remplacez les négations restrictives par un adverbe de sens équivalent.
d. Quelle particularité observez-vous dans la phrase 5. ?

1. Dieu ne créa que pour les sots
Les méchants diseurs de bons mots.

2. Un Rieur était à la table
D'un Financier ; et n'avait en son coin
Que de petits poissons : tous les gros étaient loin.

3. Le Rieur alors d'un ton sage
Dit qu'il craignait qu'un sien ami
Pour les grandes Indes parti,
N'eût depuis un an fait naufrage.

4. Il s'en informait donc à ce menu fretin :
Mais tous lui répondaient qu'ils n'étaient pas d'un âge
À savoir au vrai son destin ;
Les gros en sauraient davantage.

5. N'en puis-je donc, Messieurs, un gros
interroger ?

a. ....

b. ....

c. ....

d. ....

Jean de La Fontaine, *Fables*, livre VIII, 1679.

3 *** Vers le BAC **Transformez cette phrase à la forme interro-négative.**

Il faut rire avant que d'être heureux, de peur de mourir sans avoir ri.

Jean de La Bruyère, *Les Caractères*, 1687.

....

4 *** Vers le BAC **Analysez la portée de la négation, puis transposez ces phrases négatives à la forme affirmative.**

a. On n'est pas libre tant qu'on désire, qu'on veut, qu'on craint, peut-être tant qu'on vit.

....

b. Dieu se délègue. Il n'agit qu'à travers nous pauvres hommes.

....

c. Personne ne punit avec rage et dégoût la brutalité, la sauvagerie, la barbarie, l'injustice.

....

d. Je n'ai jamais vendu au marché des catastrophes et des bonheurs accouchés d'avance.

....

Marguerite Yourcenar, *L'Œuvre au noir*, © Éditions Gallimard, 1968.

5 *** Vers le BAC **Pour chaque phrase, analysez la portée des négations.**

a. Puisque Socrate avait son bon Démon, pourquoi n'aurais-je pas mon bon Ange, et pourquoi n'aurais-je pas l'honneur, comme Socrate, d'obtenir mon brevet de folie, signé du subtil Lélut et du bien-avisé Baillarger ?

....

b. Il existe cette différence entre le Démon de Socrate et le mien, que celui de Socrate ne se manifestait à lui que pour défendre, avertir, empêcher, et que le mien daigne conseiller, suggérer, persuader. Ce pauvre Socrate n'avait qu'un Démon prohibiteur ; le mien est un grand affirmateur, le mien est un Démon d'action, ou Démon de combat.

....

Charles Baudelaire, *Petits poèmes en prose*, 1869.

La négation lexicale

→ Corrigé de l'exercice 6 p. 79

La **négation lexicale** s'exprime par le vocabulaire.
On peut employer :
1. des **mots de sens négatif** ;
2. des **préfixes négatifs** formant des antonymes ;
3. des **couples d'antonymes** de mots différents.

Exemples 1. Le vide, le néant, l'anéantissement, nier, refuser, manquer de…
2. *a-* (apatique, analphabète), *dé-/dés-* (défavorable, désordre, désillusion), *dis-* (*disparition*), *dys-* (dystopie, dysfonctionner), *in-/im-/il-/ir-* (intouchable, impensable, irrésistible, illisible), *mé-* (méconnaître, mésestime)…
3. Savoir/ignorer, beau/laid, la vie/la mort, sans/avec.

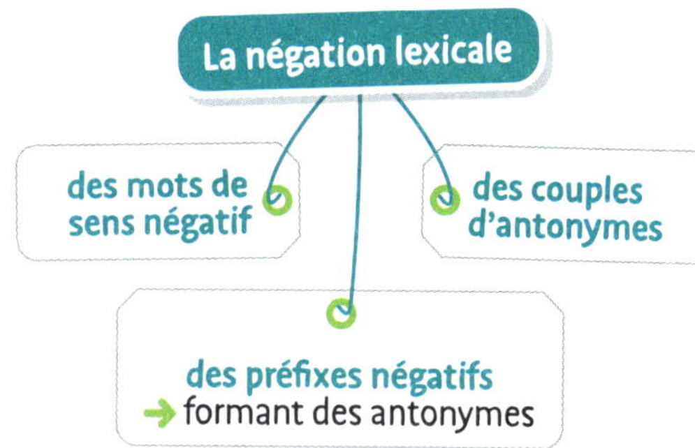

6 * **Proposez un antonyme pour chacun des mots de sens négatif en gras.**

a. Non, je ne prononcerai point ce serment… **Infortunée**… Pourquoi suis-je au monde ?

→ ……………………………………………………

b. Que vous rendez mes jours **malheureux** ! Vous **ignorez** tout l'intérêt que je prends à vous.

→ ……………………………………………………

c. Ah ! Sans doute, vous **désapprouverez** la violence qu'on veut me faire.

→ ……………………………………………………

Olympe de Gouges, *Le Couvent ou Les Vœux forcés*, 1792.

7 ** **a. Relevez, dans ce poème de Verlaine, trois négations lexicales.**
b. Soulignez également une négation grammaticale (une proposition de forme négative).

Pierrot, qui n'a rien d'un Clitandre,
Vide un flacon sans plus attendre,
Et, pratique, entame un pâté.

Cassandre, au fond de l'avenue,
Verse une larme méconnue,
Sur son neveu déshérité.

Paul Verlaine, *Fêtes galantes*, 1869.

a. **Négations lexicales :** ……………………………………………………

8 *** **Transformez ces phrases en remplaçant la négation grammaticale par une négation lexicale.**

a. Ce chef-d'œuvre de Balzac n'est pas connu.

……………………………………………………

b. Vautrin ne dégage aucune sympathie, il n'a pas la moindre morale.

……………………………………………………

c. Frédéric ne peut être guéri de ses illusions de jeunesse et de l'échec de ses ambitions politiques.

……………………………………………………

d. Avant Mme de La Fayette, les personnages romanesques n'ont que peu d'épaisseur psychologique.

……………………………………………………

9 *** Vers le BAC **Transformez la partie de la phrase qui comporte une négation lexicale en phrase de forme négative.**

Étés réverbérés par le gravier jaune et chaud, étés traversant le jonc tressé de mes grands chapeaux, étés presque sans nuits…

Colette, *Sido*, 1908, © Librairie Arthème Fayard et Hachette Littérature, 2004.

……………………………………………………

28 L'expression de la négation

La pragmatique de la négation

→ Corrigé de l'exercice 10 p. 79

La **pragmatique de la négation** renvoie aux actes de langage qu'on peut accomplir en utilisant la négation dans une situation particulière.

→ La **négation descriptive** nie une réalité, un énoncé affirmatif correspondant.

Exemple « Lantier **n'**était **pas** rentré. » (É. Zola)

→ La **négation polémique** a une valeur argumentative : elle vise à affirmer sa thèse ou à réfuter le point de vue adverse. Elle est tout particulièrement utilisée dans le dialogue, dans les scènes de confrontation entre plusieurs personnages, et dans les textes argumentatifs à valeur polémique.

Exemples « Dans la guerre, **personne ne** peut être neutre ! » (G. Faye)
« **Ne** dites **pas** mourir ; dites : naître. » (V. Hugo)

→ Certaines figures de style s'appuient parfois sur la négation polémique :

1. La **litote** vise à renforcer l'expression d'une réalité en l'atténuant et fait souvent usage de la négation.
2. La **question rhétorique** s'appuie parfois sur la négation pour renforcer une affirmation.
3. Dans certains cas, l'**ironie** s'appuie sur la négation à des fins polémiques.

→ fiche 36 p. 61

Exemples 1. « Va, je **ne** te hais **point** ! » (P. Corneille)
2. « Mais pourquoi **ne** m'a-t-il **pas** dit où il allait ? » (D. Laferrière)
3. « Après le tremblement de terre qui avait détruit les trois quarts de Lisbonne, les sages du pays **n'**avaient **pas** trouvé un moyen plus efficace pour prévenir une ruine totale que de donner au peuple un bel auto-da-fé. » (Voltaire)

La pragmatique de la négation

la négation descriptive
nie une réalité, un énoncé affirmatif correspondant

la négation polémique
→ a une valeur argumentative
→ est utilisée dans le dialogue et dans les textes argumentatifs à valeur polémique
→ est parfois liée à des figures de style (litote, question rhétorique, ironie)

10 * **En fonction du contexte, indiquez si la négation est descriptive ou polémique.**

a. J'ai traversé la rue sous la pluie pour aller laver mes draps à quatre-vingt-dix degrés à la laverie, en bas, à moins d'une cinquantaine de mètres. […] Il ne faisait pas encore complètement jour. La rue était vide. (**Édouard Louis**)

→ ....

b. LE DOCTEUR BISSEI. – Et à qui appartient-il de le déclarer malfaiteur ? Est-ce à moi ?
MOI. – Non, c'est à ses actions.
LE DOCTEUR BISSEI. – Et à qui appartient-il de connaître de ces actions ? Est-ce à moi ? (**Denis Diderot**)

→ ....

11 *** Vers le BAC **Analysez l'expression de la négation (portée, pragmatique) dans ce passage.**

Nul ne doit être inquiété pour ses opinions mêmes fondamentales, la femme a le droit de monter sur l'échafaud ; elle doit avoir également celui de monter à la Tribune ; pourvu que ses manifestations ne troublent pas l'ordre public établi par la Loi.

Olympe de Gouges, *Déclaration de la femme et de la citoyenne*, 1791.

....

....

....

12 *** Vers le BAC **Expliquez pourquoi on peut dire que la négation a, dans ce passage, une valeur polémique.**

ANDROMAQUE. – Pourquoi la guerre aurait-elle lieu ? Pâris ne tient plus à Hélène. Hélène ne tient plus à Pâris.

Jean Giraudoux, *La Guerre de Troie n'aura pas lieu*, 1935.

....

....

....

Bilan L'expression de la négation

vidéo mémo www.lienmini.fr/grev-029

exercices interactifs www.lienmini.fr/grev-030

13 Testez vos connaissances en complétant correctement les phrases.

a. La négation peut être exprimée par ....

....

....

b. La négation .... porte sur l'intégralité de la phrase tandis que la négation .... porte sur une partie de la phrase.

c. La négation restrictive est exprimée le plus souvent par « .... ».
Elle peut être remplacée en bloc par un adverbe comme ....

d. La négation .... a une valeur argumentative.

14 Trouvez un antonyme pour chacun des mots suivants. Vous respecterez leur classe grammaticale.

a. **Nécessité :** ....

....

Indigence : ....

....

b. **Habile :** ....

Gracieux : ....

Chétif : ....

Impétueux : ....

c. **Partager :** ....

Admirer : ....

Amuser : ....

15 Dans chacune de ces phrases, soulignez les termes exprimant la négation, puis analysez la portée de la négation.

a. Pourrai-je dire enfin : « Je ne veux plus vous voir ? »

....

b. Car enfin Rome a-t-elle expliqué ses souhaits ?
L'entendons-nous crier autour de ce palais ?
Vois-je l'État penchant au bord du précipice ?
Ne le puis-je sauver que par ce sacrifice ?

....

....

c. Et qui sait si sensible aux vertus de la reine
Rome ne voudra point l'avouer pour Romaine ?

....

....

d. Non, non, encore un coup, ne précipitons rien.

....

....

....

e. Et lorsque Bérénice arriva sur tes pas,
Ce que Rome en jugeait ne l'entendis-tu pas ?

....

Jean Racine, *Bérénice*, IV, 4 (Titus), 1670.

16 Identifiez la portée de la négation dans chacune de ces phrases. S'agit-il de négations descriptives ou polémiques ?

a. LE COMTE. – Les domestiques ici… sont plus longs à s'habiller que les maîtres !
FIGARO. – C'est qu'ils n'ont point de valets pour les y aider.

....

....

b. FIGARO, *cherche à voir où vont le comte et la comtesse, qu'il prend pour Suzanne.* – Je n'entends plus rien ; ils sont entrés ; m'y voilà.

....

....

c. ANTONIO. – Boire sans soif et faire l'amour en tout temps, madame, il n'y a que ça qui nous distingue des autres bêtes.

....

....

Beaumarchais, *Le Mariage de Figaro*, 1784.

17 Observez la négation soulignée dans chacune de ces deux phrases : quelles particularités remarquez-vous ?

a. ARNOLPHE. – Je crains que le pendard, dans ses [vœux téméraires,
Un peu plus fort que jeu <u>n'</u>ait poussé les affaires.
(**Molière**)

....

....

....

b. <u>C'est pas</u> parce qu'on est de la campagne qu'on est plus bête que d'autres. (**A. Ernaux**)

....

....

....

....

18 * Relevez une litote dans ce passage. Quels indices vous ont permis de l'identifier ? Reformulez-la pour faire apparaître son sens.**

Une traîtresse voix bien souvent vous appelle ;
Ne vous pressez donc nullement :
Ce n'était pas un sot, non, non, et croyez-m'en,
Que le Chien de Jean de Nivelle.

Jean de La Fontaine, « Le faucon et le chapon », *Fables*, livre VII, 1678.

19 * Analysez l'expression de la négation dans ces phrases.**

On ne naît pas femme : on le devient. Aucun destin biologique, psychique, économique ne définit la figure que revêt au sein de la société la femelle humaine ; c'est l'ensemble de la civilisation qui élabore ce produit intermédiaire entre le mâle et le castrat qu'on qualifie de féminin.

Simone de Beauvoir, *Le Deuxième Sexe*, © Éditions Gallimard, 1949.

20 * Vers le BAC Analysez la valeur pragmatique de la négation dans ce passage.**

SUZANNE. – Tu vois, Catherine, ce que je disais,
c'est Louis,
il n'embrasse jamais personne,
toujours été comme ça.
son propre frère, il ne l'embrasse pas.

Jean-Luc Lagarce, *Juste la fin du monde*, © Les Solitaires intempestifs, 1990.

21 * Vers le BAC Expliquez comment s'exprime la négation dans le dernier vers ; puis transformez ce vers pour passer à la forme interro-négative.**

Le Poète est semblable au prince des nuées
Qui hante la tempête et se rit de l'archer ;
Exilé sur le sol au milieu des huées,
Ses ailes de géant l'empêchent de marcher.

Charles Baudelaire, « L'albatros », *Les Fleurs du Mal*, 1857.

22 * Vers le BAC Analysez l'expression de la négation dans cette phrase.**

Il arrive qu'un individu devienne le centre de votre vie, sans que vous ne soyez lié à lui ni par le sang ni par l'amour, mais simplement parce qu'il vous tient la main, vous aide à marcher sur le fil de l'espoir.

Fatou Diome, *Le Ventre de l'Atlantique*, © Éditions Anne Carrière, 2005.

23 * Vers le BAC Analysez l'expression de la négation dans cette phrase.**

J'ai promis d'être exemplaire, obéissant, courageux, attentif, sincère, reconnaissant, scrupuleux, de ne plus jamais mentir, ni voler surtout, de ne plus mettre les doigts dans mon nez, de revenir méconnaissable, un vrai modèle, d'engraisser, de savoir l'anglais, de ne pas oublier le français, d'écrire au moins tous les dimanches.

Louis-Ferdinand Céline, *Mort à crédit*, © Denoël, 1936.

L'énonciation et la modalisation

La **situation d'énonciation** est caractérisée par un **locuteur** et un **destinataire**, par un **temps** et un **lieu** spécifiques.
Les **indices de l'énonciation** renvoient au locuteur (*je, nous*), à l'interlocuteur (*tu, vous*), au lieu (*ici, là*), au temps (*maintenant; hier, aujourd'hui, demain*) de l'énonciation. On distingue deux types d'énoncés :
1. l'énoncé **ancré** dans la situation d'énonciation. Il comporte les indices de l'énonciation : possessifs et pronoms de 1re et 2e personne ; adverbes et compléments de lieu et de temps ; temps du verbe (passé composé, présent, futur). C'est le cas notamment des discours à la 1re personne ;
2. l'énoncé **coupé** de la situation d'énonciation : il ne comporte pas d'indices de l'énonciation, mais seule la 3e personne est employée ; le passé simple est le temps de référence. C'est le cas des récits au passé, avec un narrateur extérieur à l'histoire.

Exemples **1.** « **Avance** toujours, **je te conterai** l'affaire en marchant. » (**H. de Balzac**)
2. Quand **il entra** dans les nouveaux magasins, le jour commençait à pâlir. (*Ibid.*)

→ Les **modalités subjectives** expriment l'attitude du locuteur par rapport à son énoncé.
1. Le locuteur peut exprimer **son degré de certitude** sur ce qu'il dit (savoir, certitude, possibilité, doute, ignorance…).
2. Il peut également exprimer un **jugement** mélioratif ou péjoratif ou faire part de ses **sentiments**.

Exemples **1.** « Je **sais bien** que vous êtes son ami. » (**Ch. de Laclos**)
2. « Je vous **assure** que je **regrette** bien plus de ne pas être avec vous. » (*Ibid.*)

→ On exprime son point de vue au moyen de verbes de jugement ou de sentiment, de noms et d'adjectifs évaluatifs, d'adverbes, d'interjections ou encore de phrases exclamatives.

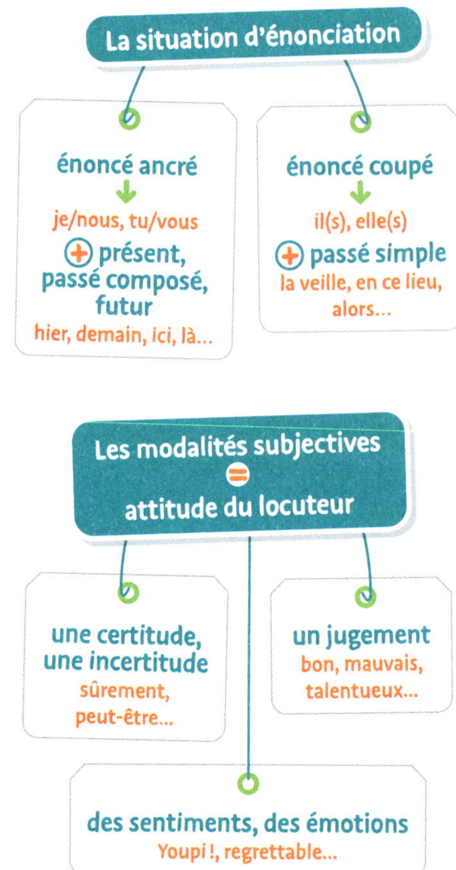

1 ** **a.** **Précisez la situation d'énonciation et relevez les indices de l'énonciation.**
b. **Ce texte est-il ancré dans la situation d'énonciation ou coupé de celle-ci ?**

Je reviens encore à vous, ma bonne, pour vous dire que si vous avez envie de savoir, en détail, ce que c'est qu'un printemps, il faut venir à moi. Je n'en connaissais moi-même que la superficie[1] ; j'en examine cette année jusqu'aux premiers petits commencements. Que pensez-vous donc que ce soit que la couleur des arbres depuis huit jours ? Répondez. Vous allez dire : « Du vert. » Point du tout, c'est du rouge. Ce sont de petits boutons, tout prêts à partir, qui font un vrai rouge ; et puis ils poussent tous une petite feuille, et comme c'est inégalement, cela fait un mélange trop joli de vert et de rouge. Nous couvons tout cela des yeux ; nous parions de grosses sommes – mais c'est à ne jamais payer – que ce bout d'allée sera tout vert dans deux heures ; on dit que non ; on parie. Les charmes ont leur manière, les hêtres une autre. Enfin je sais sur cela tout ce que l'on peut savoir.

1. Idée superficielle.

Mme de Sévigné, Lettre à sa fille, Mme de Grignan, du mercredi 19e avril 1690.

a. ……………………………………………………………………………………

……………………………………………………………………………………

……………………………………………………………………………………

……………………………………………………………………………………

b. ……………………………………………………………………………………

……………………………………………………………………………………

2 ••• **Relevez et commentez les termes qui expriment des jugements.**

Femme, réveille-toi ; le tocsin de la raison se fait entendre dans tout l'univers ; reconnais tes droits. Le puissant empire de la nature n'est plus environné de préjugés, de fanatisme, de superstition et de mensonges. Le flambeau de la vérité a dissipé tous les nuages de la sottise et de l'usurpation. L'homme esclave a multiplié ses forces, a eu besoin de recourir aux tiennes pour briser ses fers. Devenu libre, il est devenu injuste envers sa compagne. Ô femmes ! Femmes, quand cesserez-vous d'être aveugles ? Quels sont les avantages que vous avez recueillis dans la révolution ? Un mépris plus marqué, un dédain plus signalé. Dans les siècles de corruption vous n'avez régné que sur la faiblesse des hommes.

Olympe de Gouges, *Déclaration des droits de la femme et de la citoyenne*, 1791.

3 ••• **Étudiez la subjectivité du portrait de ce personnage.**

Une barbe grise et taillée en pointe cachait le menton de cet être bizarre, et lui donnait l'apparence de ces têtes judaïques qui servent de types aux artistes quand ils veulent représenter Moïse. Les lèvres de cet homme étaient si décolorées, si minces, qu'il fallait une attention particulière pour deviner la ligne tracée par la bouche dans son blanc visage. Son large front ridé, ses joues blêmes et creuses, la rigueur implacable de ses petits yeux verts, dénués de cils et de sourcils, pouvaient faire croire à l'inconnu que le *Peseur d'or* de Gérard Dow était sorti de son cadre. Une finesse d'inquisiteur, trahie par les sinuosités de ses rides et par les plis circulaires dessinés sur ses tempes, accusait une science profonde des choses de la vie. Il était impossible de tromper cet homme qui semblait avoir le don de surprendre les pensées au fond des cœurs les plus discrets. Les mœurs de toutes les nations du globe et leurs sagesses se résumaient sur sa face froide, comme les productions du monde entier se trouvaient accumulées dans ses magasins poudreux ; vous y auriez lu la tranquillité lucide d'un Dieu qui voit tout, ou la force orgueilleuse d'un homme qui a tout vu.

Honoré de Balzac, *La Peau de chagrin*, 1831.

Les discours rapportés

→ Corrigés de l'exercice 4 p. 79

Dans son **discours**, un locuteur peut rapporter le discours d'autres personnes ou de lui-même à un autre moment.

Discours direct	• verbe de parole, guillemets ou tirets • marques d'oralité, interrogations et exclamations directes, ponctuation expressive (?/!) • pronoms de toutes les personnes, non transposés • temps repérés par rapport au présent	L'inconnu répondit : **« Je veux vivre avec excès. »** (**H. de Balzac**).
Discours indirect	• proposition subordonnée (conjonctive ou interrogative indirecte) complément d'un verbe de parole ou de pensée • phrases injonctives transposées • pronoms et temps du verbe transposés, en concordance avec ceux de la principale.	L'inconnu répondit **qu'il voulait vivre avec excès.** Transpositions : 1re pers. → 3e pers. présent → imparfait.
Discours indirect libre	• pas de présence obligatoire d'un verbe introducteur • pas de mise en subordination du discours • pronoms et temps du verbe transposés, comme dans le discours indirect • marques d'oralité comme dans le discours direct	L'inconnu répondit. **Il voulait vivre avec excès.** Phrase indépendante ; transpositions : - 1re pers. → 3e pers. - présent → imparfait.

Remarque : Dans les récits, on rencontre un quatrième type de discours rapporté, le **discours narrativisé** (ou résumé), totalement intégré au récit, qui résume les paroles prononcées (ou les pensées dans le cas d'un monologue intérieur).

Exemple L'inconnu évoquait ses rêves.

4 **Identifiez chaque discours rapporté et indiquez ses caractéristiques.**

a. – Ah ! monsieur, reprit-[le savant] en apercevant Raphaël, je suis votre serviteur. Comment va la maman ? Allez voir ma femme.
– J'aurais cependant pu vivre ainsi ! pensa Raphaël qui tira le savant de sa rêverie en lui demandant le moyen d'agir sur le talisman, qu'il lui présenta. (**H. de Balzac**)

....

....

....

....

....

b. Il était affable et triste. Le peuple disait : « Voilà un homme riche qui n'a pas l'air fier. Voilà un homme heureux qui n'a pas l'air content. »
Quelques-uns prétendaient que c'était un personnage mystérieux, et affirmaient qu'on n'entrait jamais dans sa chambre. (**V. Hugo**)

....

....

....

c. Je demandai à Saint-Loup si cette guerre avait confirmé ce que nous disions des guerres passées à Doncières. Je lui rappelai des propos que lui-même avait oubliés, par exemple sur les pastiches des batailles par les généraux à venir. « La feinte, lui disais-je, n'est plus guère possible dans ces opérations qu'on prépare d'avance avec de telles accumulations d'artillerie. » (**M. Proust**)

....

....

....

....

5 ★★ Analysez la concordance des temps dans les discours indirects.

a. Un quidam des régents disait souvent en ses lectures qu'il n'y a chose tant contraire à la vue comme est la maladie des yeux.
b. Son père disait que ces bonnets à la Marrabeise faits comme une croûte de pâté porteraient quelque jour mal encontre à leurs tondus.
c. Il disait souvent que Pantagruel le tenait à la gorge.
d. Il disait que c'était une bonne ville pour vivre, mais non pour mourir.
e. Pantagruel disait souvent, que le monde n'avait point encore connu l'émolument et utilité qui est de porter grande braguette.

François Rabelais, *Gargantua*, 1534.

6 ★★ Réécrivez le discours direct en discours indirect.

Il voulut savoir à quoi j'avais dessein d'en venir par un discours si passionné.
– À vous demander la vie, répondis-je, que je ne puis conserver un moment si Manon part une fois pour l'Amérique.
– Non, non, me dit-il d'un ton sévère; j'aime mieux te voir sans vie que sans sagesse et sans honneur.
– N'allons donc pas plus loin! m'écriai-je en l'arrêtant par le bras. Ôtez-la-moi, cette vie odieuse et insupportable, car dans le désespoir où vous me jetez, la mort sera une faveur pour moi. C'est un présent digne de la main d'un père.

Abbé Prévost, *Manon Lescaut*, 1731.

7 ★★★ Relevez les différents types de discours rapportés dans ce texte. Justifiez votre réponse.

La bonne était maussade, engourdie encore. Elle grogna que madame aurait dû se décider le premier soir. Puis, comme elle la suivait dans la chambre, elle lui demanda ce qu'elle devait faire de ces deux-là. Bordenave ronflait toujours. Georges, qui était venu sournoisement enfoncer la tête dans un oreiller, avait fini par s'y endormir, avec son léger souffle de chérubin. Nana répondit qu'on les laissât dormir. Mais elle s'attendrit de nouveau, en voyant entrer Daguenet; il la guettait de la cuisine, il avait l'air bien triste.

– Voyons, mon Mimi, sois raisonnable, dit-elle en le prenant dans ses bras, en le baisant avec toutes sortes de câlineries. Il n'y a rien de changé, tu sais que c'est toujours mon Mimi que j'adore... N'est-ce pas? il le fallait... Je te jure, ce sera encore plus gentil. Viens demain, nous conviendrons des heures... Vite, embrasse-moi comme tu m'aimes... Oh! plus fort, plus fort que ça!

Émile Zola, *Nana*, 1880.

Bilan Le texte et le discours

exercices interactifs
www.lienmini.fr/grev-031

8 ★ **Ces affirmations sont-elles exactes ?** OUI NON

a. Dans un énoncé coupé de la situation d'énonciation, toutes les personnes sont possibles. ○ ○

b. Dans un énoncé ancré dans la situation d'énonciation, on peut employer les adverbes *hier, aujourd'hui, demain*. ○ ○

c. Le passé simple s'emploie dans les énoncés coupés de la situation d'énonciation. ○ ○

d. Dans le discours indirect, l'interrogation est indirecte. ○ ○

e. Le discours indirect libre figure toujours dans une proposition subordonnée. ○ ○

9 ★ **a. Précisez la situation d'énonciation et relevez les indices de l'énonciation.**
b. D'où vient le comique de cet échange ?

La scène est à Paris. Thomas Diafoirus, le fils de Monsieur Diafoirus, vient se présenter à Argan et à sa fille Angélique, qu'Argan veut lui faire épouser.

THOMAS DIAFOIRUS, *à Angélique*. – Madame, c'est avec justice que le Ciel vous a concédé le nom de belle-mère, puisque l'on…

ARGAN. – Ce n'est pas ma femme, c'est ma fille à qui vous parlez.

THOMAS DIAFOIRUS. – Où donc est-elle ?

ARGAN. – Elle va venir.

THOMAS DIAFOIRUS. – Attendrai-je, mon père, qu'elle soit venue ?

MONSIEUR DIAFOIRUS. – Faites toujours le compliment de mademoiselle.

Molière, *Le Malade imaginaire*, II, 5 (Monsieur Diafoirus, Thomas Diafoirus, Argan, Angélique, Cléante, Toinette), 1673.

a. ……………………………………………………

……………………………………………………

……………………………………………………

……………………………………………………

……………………………………………………

……………………………………………………

……………………………………………………

……………………………………………………

……………………………………………………

b. ……………………………………………………

……………………………………………………

……………………………………………………

……………………………………………………

10 ★★ **Étudiez l'expression de la subjectivité du personnage.**

– Mais que tu as donc l'air bête aujourd'hui, ma fille !… D'ailleurs tu es beaucoup plus jolie quand tu as l'air bête. C'est dommage que cela t'arrive si rarement. Tu pèches déjà, comme moi, par excès d'expression. J'ai toujours l'air, quand j'égare mon dé, d'avoir perdu un parent bien-aimé… Quand tu prends l'air bête, tu as les yeux plus grands, la bouche entr'ouverte, et tu rajeunis… À quoi penses-tu ?

– À rien, maman…

– Je ne te crois pas, mais c'est très bien imité. Vraiment très bien, ma fille. Tu es un miracle de gentillesse et de fadeur !

Colette, *Sido*, 1930, © Librairie Arthème Fayard et Hachette Littérature, 2004.

……………………………………………………

……………………………………………………

……………………………………………………

……………………………………………………

……………………………………………………

……………………………………………………

11 ★★ **Réécrivez le discours direct en discours indirect.**

– Savez-vous, lui répondit Bianchon complètement ivre, qu'une dose de phosphore de plus ou de moins fait l'homme de génie ou le scélérat, l'homme d'esprit ou l'idiot, l'homme vertueux ou le criminel ?

– Peut-on traiter ainsi la vertu ! s'écria de Cursy. La vertu, sujet de toutes les pièces de théâtre, dénouement de tous les drames, base de tous les tribunaux.

– Hé ! tais-toi donc, animal. Ta vertu, c'est Achille sans talon ! dit Bixiou.

Honoré de Balzac, *La Peau de chagrin*, 1831.

……………………………………………………

……………………………………………………

……………………………………………………

……………………………………………………

……………………………………………………

……………………………………………………

……………………………………………………

……………………………………………………

……………………………………………………

12 * Commentez la situation d'énonciation et ses indices, puis étudiez l'expression de la subjectivité des personnages.**

Marton vient d'annoncer qu'elle est prête à épouser Dorante si Araminte le lui permet.

ARAMINTE, *à part, émue.* – Cette folle ! (*Haut.*) Je suis charmée de ce qu'elle vient de m'apprendre. Vous avez fait là un très bon choix ; c'est une fille aimable et d'un excellent caractère.

DORANTE, *d'un air abattu.* – Hélas ! madame, je ne songe point à elle.

ARAMINTE. – Vous ne songez point à elle ! Elle dit que vous l'aimez, que vous l'aviez vue avant que de venir ici.

DORANTE, *tristement.* – C'est une erreur où M. Remy l'a jetée sans me consulter ; et je n'ai point osé dire le contraire, dans la crainte de m'en faire une ennemie auprès de vous. Il en est de même de ce riche parti qu'elle croit que je refuse à cause d'elle ; et je n'ai nulle part à tout cela. Je suis hors d'état de donner mon cœur à personne ; je l'ai perdu pour jamais, et la plus brillante de toutes les fortunes ne me tenterait pas.

ARAMINTE. – Vous avez tort. Il fallait désabuser Marton.

DORANTE. – Elle vous aurait, peut-être, empêchée de me recevoir, et mon indifférence lui en dit assez.

Marivaux, *Les Fausses Confidences*, II, 15 (Dorante, Araminte), 1738.

13 * Distinguez les différents types de discours rapportés dans ce texte.**

Mes plaintes furent interrompues par une visite à laquelle je ne m'attendais pas. Ce fut celle de Lescaut.

– Bourreau ! lui dis-je en mettant l'épée à la main, où est Manon ? qu'en as-tu fait ?

Ce mouvement l'effraya ; il me répondit que, si c'était ainsi que je le recevais lorsqu'il venait me rendre compte du service le plus considérable qu'il eût pu me rendre, il allait se retirer et ne remettrait jamais le pied chez moi. Je courus à la porte de la chambre, que je fermai soigneusement.

– Ne t'imagine pas, lui dis-je en me tournant vers lui, que tu puisses me prendre encore une fois pour dupe et me tromper par des fables. Il faut défendre ta vie, ou me faire retrouver Manon.

Abbé Prévost, *Manon Lescaut*, 1731.

Le lexique

31 La formation des mots

(dérivation, conversion, composition)

→ Corrigé de l'exercice 1 p. 79

Les mots peuvent être formés par :

→ **dérivation** : un ou plusieurs **affixes** (préfixe avant et suffixe après) sont **fixés au radical**. Ils changent le sens porté par celui-ci et modifient parfois la classe grammaticale du mot.

Exemples rimer (verbe) → rimailler (verbe) — un éloge (nom) → élogieux (adjectif)
louer (verbe) → louable (adjectif) — vivre (verbe) → un viveur (nom)

→ **conversion** (ou dérivation impropre) : un mot déjà existant passe d'une classe grammaticale à une autre, parfois avec un changement de terminaison.

Exemples le moi romantique : pronom → nom — « l'être et le néant » : verbe → nom
Au dîner, j'ai dégusté un délicieux châteaubriand : nom propre → nom commun.

→ **composition** :

1. populaire : plusieurs radicaux sont reliés pour former un mot-composé ; celui-ci constitue une seule unité de sens. On ne peut pas séparer ou déplacer les mots qui les composent.

2. savante : des éléments grecs ou latins sont reliés.

Exemples **1.** Une bande dessinée, la science-fiction, un chef-d'œuvre, un gratte-papier, un porteplume.

2. Une autobiographie — polymorphisme
auto/bio/graphein — poly/morphe
soi-même/la vie/écrire — nombreux/forme

→ D'autres procédés permettent de créer de nouveaux mots : l'**abréviation** qui permet d'abréger les mots trop longs, le **télescopage** qui permet de fusionner deux mots en un seul mot-valise (comme le fameux *pianocktail* de B. Vian), l'**emprunt aux langues étrangères**.

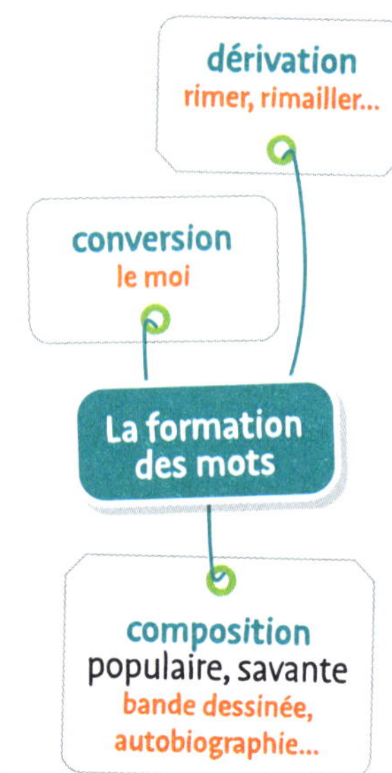

1 * **Classez les mots soulignés selon leur formation.**

a. Colin terminait sa toilette. Il s'était enveloppé, au sortir du bain, d'une ample serviette de tissu bouclé dont seuls ses jambes et son torse dépassaient.

b. Colin reposa le peigne et, s'armant du coupe-ongles, tailla en biseau les coins de ses paupières mates, pour donner du mystère à son regard.

c. Par un miracle ordinaire, ce qui est extraordinaire, Alise vit une chaise libre à côté de Jean-Sol et s'assit.

d. Alise rassembla ses forces, et, d'un geste résolu, elle planta l'arrache-cœur dans la poitrine de Partre.

Boris Vian, *L'Écume des jours*, 1947, Société Nouvelle des Éditions Pauvert, 1979, 1996, 1998, © Librairie Arthème Fayard, 1999 pour l'édition en œuvres complètes.

Dérivation : ....

Composition : ....

Conversion : ....

2 ** a. **Expliquez la formation de *prudence* et de *reste*.**
b. **Trouvez d'autres mots de la même famille que *funeste*.**

AÆTE. – Et c'est toujours **prudence**, en un péril **funeste**,
D'offrir une moitié pour conserver le **reste**.

Pierre Corneille, *La Toison d'or*, I, 2, 1660.

a. ....

....

....

b. ....

....

3 * Trouvez les mots correspondant à chaque définition.**

a. Fait de refuser les ordres d'un supérieur (*nom commun formé par dérivation*) :

b. Représentant prenant la parole à la place de quelqu'un d'autre (*nom commun formé par composition*) :

c. Fait de perdre son honneur, action réalisée en perdant son honneur (*nom commun formé par dérivation)* :

d. Ensemble de la nourriture qui sert à l'alimentation des hommes (*nom commun au pluriel formé par conversion)* :

e. Personne qui a de multiples activités dans tous les domaines (*nom commun formé par composition)* :

4 * Expliquez quels procédés a employés Valère Novarina pour former le nom de ces personnages de la pièce de théâtre *L'Acte inconnu*. Quel est le sens de ces noms ?**

a. Le déséquilibriste :

b. Le vivivore :

c. L'illogicien :

d. Le quidam :

e. Le logologue :

5 * Vers le BAC Expliquez la formation du mot *chauve-souris*.**

Les vitres ayant retenti d'un claquement sourd, il pensa que cette froide caresse digne des mystères de la tombe lui avait été faite par quelque chauve-souris.

Honoré de Balzac, *La Peau de chagrin*, 1831.

6 * Vers le BAC Expliquez la formation des mots *inexplicablement* et *responsable*.**

Antoine. – et j'étais là, couvert de bonté sans intérêt à ne jamais devoir me plaindre [...],
alors que toi, toujours, inexplicablement, tu suais le malheur.
[...] Et lorsque tu es parti, lorsque tu nous as quittés, lorsque tu nous abandonnas [...]
[je dus encore être le responsable.

Jean-Luc Lagarce, *Juste la fin du monde*, © Les Solitaires Intempestifs, 1990.

7 * Vers le BAC Analysez les procédés de formation des mots soulignés.**

Nous approchons. Nous voilà. Nous sommes.
Un silence affreux nous a permis
D'accrocher furtivement le nom des hommes
à tout ce qui fait semblant d'être endormi.

Jean Tardieu, *Accent*, « Fête manquée », © Éditions Gallimard, 1939.

Les relations de sens entre les mots

→ Corrigé de l'exercice 8 p. 79

Les mots entretiennent entre eux des **relations de sens**.

→ Les mots de sens équivalent ou proches sont appelés **synonymes**.
Exemple ingratitude = égoïsme, oubli.

→ Les mots de sens opposé sont appelés **antonymes**.
Exemple honnêteté ≠ malhonnêteté, improbité, déloyauté, fourberie.

→ Un mot ayant plusieurs sens est dit **polysémique**.
Exemple misère : **1.** Extrême pauvreté, dénuement. **2.** Condition pénible, état de faiblesse physique et morale. **3.** Malheur.

→ Les **homonymes** sont des mots qui se prononcent de la même manière (**homophones**) et/ou qui ont la même orthographe (**homographes**) mais qui ont des sens différents.
Exemples *grenade* (fruit) et *grenade* (arme) sont homophones et homographes ; *chœur* et *cœur* sont homophones ; *balade* et *ballade* sont homophones.

Les **paronymes** sont des mots qui ont une forme très proche.
Exemples *allusion* et *illusion* ; *gradation* et *graduation*.

→ Les mots peuvent avoir un sens **objectif** ou **dénoté** (le sens du dictionnaire) et des sens **subjectifs** ou **connotés**, selon le contexte, les locuteurs, les niveaux de langue…
Exemple « Chaque soleil rapproche de la mort. » (**René Maran**)
Le mot *soleil* a un sens physique, il s'agit d'un astre (dénotation) ; mais dans cette phrase, le terme signifie « jour » (connotation).

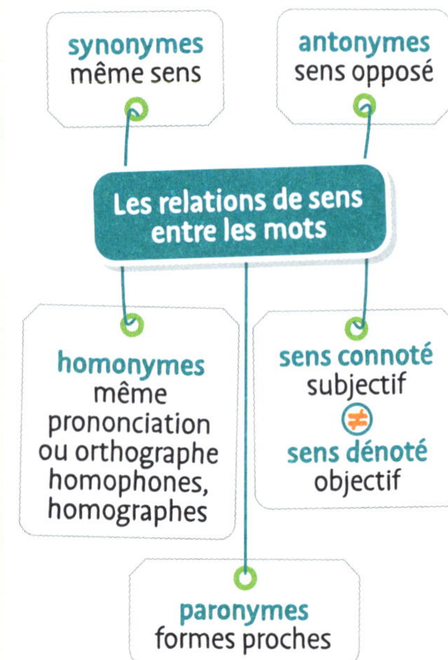

⚠ Un mot est dit **polysémique** lorsqu'il a plusieurs sens.

8 Distinguez les différents sens de *misérable* en le remplaçant par un synonyme dans chaque phrase.

a. Un misérable homme, par amour pour une femme et pour l'enfant qu'il avait d'elle, à bout de ressources, avait fait de la fausse monnaie. (**V. Hugo**)

....

b. Que fais-tu, misérable charogne vivante, qui traînes ta pourriture par les rues, qui bois, qui manges, qui dors et qui jouis ? (**G. Flaubert**)

....

c. Phèdre. – Puisque Vénus le veut, de ce sang déplorable
Je péris la dernière et la plus misérable. (**Racine**)

....

d. Ces deux misérables qui avaient toujours dormi sur la paille, mangé du pain noir, travaillé comme des bêtes, souffert toutes les misères de la terre, allaient mourir ! (**G. de Maupassant**)

....

e. Qu'on se rappelle les conversations des hommes de tous les pays sur le misérable caractère des courtisans : ce ne sont point des choses de spéculation, mais d'une triste expérience. (**Montesquieu**)

....

9 Voici les deux sens principaux du verbe *souffrir* : a. « Éprouver une douleur pénible, désagréable. » b. « Tolérer, permettre. » Rédigez deux phrases pour mettre en valeur chacun des deux sens.

a. ....

b. ....

10 ★★ Soulignez le mot qui convient entre ces homonymes ou paronymes.

a. On dit que monsieur votre père a eu un *différend/différent* avec votre évêque. (**Stendhal**)

b. Muse, qui le distinguas,
Si tu savais calmer *lire/l'ire/lyre*
De mon confrère Degas
Tends-lui ce discours à *lire/l'ire/lyre* (**S. Mallarmé**)

c. Souffrir cent morts s'il plaît à vos *dessins/desseins* (**P. Verlaine**)

d. Une vie *imminente/éminente* est sujette aux orages ;
La foudre a des éclats, le ciel a des nuages
Qui ne s'arrêtent qu'aux grands monts ! (**V. Hugo**)

e. Nous parlâmes beaucoup de Robert, Gilberte en parlait sur un ton *différent/déférent*, comme si c'eût été un être supérieur qu'elle tenait à me montrer qu'elle avait admiré et compris. (**M. Proust**)

11 ★★★ Remplacez les mots soulignés par des synonymes pour en préciser le sens.

ANTONIO, *demi-gris, tenant un pot de giroflées écrasées.* – Monseigneur ! Monseigneur !
LE COMTE. – Que me veux-tu, Antonio ?
ANTONIO. – Faites donc une fois griller les croisées qui donnent sur mes couches. On jette toutes sortes de choses par ces fenêtres, et tout à l'heure encore on vient d'en jeter un homme.
LE COMTE. – Par ces fenêtres ?
ANTONIO. – Voyez comme on arrange mes giroflées !
SUZANNE, *bas à Figaro.* – Alerte, Figaro, alerte !
FIGARO. – Monseigneur, il est gris dès le matin.

Beaumarchais, *Le Mariage de Figaro*, II, 21, 1778.

....

....

12 ★★★ Vers le BAC Expliquez la connotation du verbe *tue* dans cet extrait.

Pardonnez, si j'achève en peu de mots un récit qui me tue ; je vous raconte un malheur qui n'eut jamais d'exemple. Toute ma vie est destinée à le pleurer.

Abbé Prévost, *Manon Lescaut*, 1753.

....

....

13 ★★★ Vers le BAC Analysez la polysémie des verbes *traiter* et *consulter*.

LE MÉDECIN. – Voici un habile homme, mon confrère, avec lequel je vais consulter de la manière dont nous vous traiterons.

Molière, *Monsieur de Pourceaugnac*, I, 11, 1669.

....

....

....

14 ★★★ Vers le BAC Expliquez ce qui crée le comique de ce passage.

Lors dit le prieur claustral : « Que fera cet ivrogne ici ? Qu'on me le mène en prison. Troubler ainsi le service divin !
– Mais, dit le moine, le service du vin, faisons tant qu'il ne soit troublé, car vous-même, monsieur le prieur, aimez boire du meilleur si fait tout homme de bien.

François Rabelais, *Gargantua*, 1534, traduit par Gérard Milhe-Poutingon, coll. Classiques & Cie Lycée, © Éditions Hatier, 2012.

....

....

....

....

Le lexique

vidéo mémo www.lienmini.fr/grev-019

exercices interactifs www.lienmini.fr/grev-032

15 ★ **Complétez les définitions.**

a. **Dérivation** : procédé de formation des mots qui consiste à ....

b. **Composition** : procédé de formation des mots qui consiste à ....

c. **Conversion** : procédé de formation des mots qui consiste à ....

16 ★ **Complétez avec le mot qui convient : antonymes, synonymes, homonymes, paronymes.**

a. *Différend* et *querelle* sont des ....

b. *Différend* et *entente* sont des ....

c. *Différent* et *différend* sont des ....

d. *Différent* et *déférent* sont des ....

17 ★ **Qu'est-ce que la polysémie ?**

....

18 ★★ **a. Quel est le sens du nom *vertu* ? b. Donnez un synonyme de l'adjectif *éminentes*. c. Expliquez la formation de l'adjectif *prodigieux*.**

Il apparaît de temps en temps sur la surface de la terre des hommes rares, exquis, qui brillent par leur vertu, et dont les qualités éminentes jettent un éclat prodigieux, semblables à ces étoiles extraordinaires dont on ignore les causes, et dont on sait encore moins ce qu'elles deviennent après avoir disparu : ils n'ont ni aïeuls ni descendants ; ils composent seuls toute leur race.

Jean de La Bruyère, *Les Caractères*, 1687.

a. ....

b. ....

c. ....

19 ★★ **Soulignez le mot qui convient entre ces paronymes ou homonymes.**

a. Je te confie l'invention d'Hermès ! / Je te remets l'arme prodigieuse, / La *l'ire/lire/lyre* ! (**P. Valéry**)

b. Je n'avais plus qu'une porte entr'ouverte par laquelle mon passé pouvait faire *éruption/irruption* dans ma vie ; cette porte, la voilà murée ! à jamais ! (**V. Hugo**)

c. Mais une faculté qui n'est certes pas féminine, et qu'il possède à un degré *imminent/éminent*, est de saisir les parcelles du beau égarées sur la terre. (**Ch. Baudelaire**)

d. Le papier était timbré d'un *seau/sceau* d'argent représentant un chevalier casqué sous lequel se contournait cette devise : *Per viam rectam*. (**M. Proust**)

e. Pourquoi donc les femmes *prodiges/prodigues* de leurs corps, trésor dont un seul sultan doit avoir la clef, possèdent-elles plus d'adorateurs que nous autres, malheureuses martyres d'un amour unique ? (**Ch. Baudelaire**)

f. Tous les *héros/hérauts* de Dostoïevski s'interrogent sur le sens de la vie. C'est en cela qu'ils sont modernes. (**A. Camus**)

20 ★★★ **a. Selon quel procédé les mots *prospérité* et *vaillance* sont-ils formés ? Justifiez votre réponse. b. Quelle relation de sens les trois mots en gras entretiennent-ils ? c. Remplacez chacun des mots en gras par des antonymes. Quelle relation de sens les trois mots trouvés entretiennent-ils ? d. Remplacez le mot *engeance* par un synonyme. e. Quel est le sens dénoté du terme *duègnes* (aidez-vous d'un dictionnaire) ? Comment ce terme est-il ici connoté ?**

Que toutes les étoiles des régions célestes, tournées vers Votre Grandeur, magnanime chevalier, versent dans votre âme toute prospérité et toute vaillance, pour que vous deveniez le rempart et le bouclier de l'engeance **honnie** et **vilipendée** des duègnes, engeance **abhorrée** des apothicaires, frondée par les écuyers, escroquée par les pages.

Miguel de Cervantès, *L'Ingénieux chevalier Don Quichotte de la Manche*, traduit par L. Viardot, 1837.

a. ....

b.

c.

d.

e.

21 *** **Vers le BAC** **a. Analysez la formation des mots soulignés. b. Expliquez l'effet de sens créé par la rime *vie/eau-de-vie*.**

Et tu bois cet alcool brûlant comme ta <u>vie</u>
Ta vie que tu bois comme une <u>eau-de-vie</u>.
Tu marches vers Auteuil tu veux aller chez toi à pied
Dormir parmi tes fétiches d'Océanie et de Guinée
Ils sont des Christ d'une autre forme et d'une autre <u>croyance</u>
Ce sont les Christ inférieurs des obscures <u>espérances</u>
Adieu Adieu
Soleil cou coupé.

Guillaume Apollinaire, « Zone », *Alcools*, 1913.

a.

b.

22 *** **Vers le BAC** **a. Relevez le champ lexical de la chaleur et expliquez l'effet de sens produit. b. Analysez la formation des deux mots soulignés et expliquez leur sens.**

Le ciel était redevenu très pur, il voyait les étoiles étinceler, dans l'ardente nuit de juillet ; et, malgré l'orage, la chaleur restait si forte, qu'il brûlait, les bras nus, hors du drap. […] Il étouffa davantage et sortit ses jambes, pendant que, la tête lourde, dans l'hallucination du <u>demi-sommeil</u>, il suivait, au fond du <u>braisillement</u> des étoiles, des nudités amoureuses de femmes, toute la chair vivante de la femme, qu'il adorait.

Émile Zola, *L'Œuvre*, 1886.

a.

b.

23 *** **Vers le BAC** **a. Transformez la première phrase entre guillemets en remplaçant *grâces* par un synonyme. b. Analysez la formation des mots soulignés.**

Cléantis, *s'en allant.* – […] On y dit aux gens : « Regardez mes grâces, elles sont à moi celles-là » ; et d'un autre côté on veut leur dire aussi : « Voyez comme je m'habille, quelle <u>simplicité</u> ! il n'y a point de <u>coquetterie</u> dans mon <u>fait</u>. »

Marivaux, *L'Île des esclaves*, scène 3, 1725.

a.

b.

24 *** **Vers le BAC** **Expliquez comment Boris Vian, joue avec la dénotation et la connotation.**

« Messieurs, que puis-je pour vous ?
– Exécuter cette ordonnance… » suggéra Colin.
Le pharmacien saisit le papier, le plia en deux, en fit une bande longue et serrée et l'introduisit dans une petite guillotine de bureau.
« Voilà qui est fait », dit-il en pressant un bouton rouge.

Boris Vian, *L'Écume des jours*, 1947,

Les figures de construction

→ Corrigé de l'exercice 1 p. 79

Les **figures de construction** reposent sur la **répétition**, la **disposition** ou la **combinaison des mots**.

Figures d'insistance		
Répétition	**Reprise** plusieurs fois **d'un mot ou groupe de mots** dans une phrase, un texte...	« Ces deux signes jumeaux de paix et de bonheur, Jeunesse de visage et Jeunesse de cœur ! » (A. Musset)
Anaphore	Répétition d'un mot ou d'un groupe de mots **en début de vers, de phrases**.	« J'ai écrit en faveur de ma patrie, j'ai écrit en faveur du peuple malheureux. » (O. de Gouges)
Parallélisme	**Reprise** de **la même construction syntaxique** dans deux propositions, deux phrases...	« Je n'ai rien pour la réparer. Elle est capricieuse. Elle est éreintée. » (Ph. Claudel)
Figures d'opposition		
Chiasme	Disposition de deux éléments syntaxiques identiques selon le schéma en miroir **ABBA** (bonnet blanc/blanc bonnet).	« Un roi chantait (S-V) en bas (G. Prép.), en haut (G. Prép.) mourait un dieu (V-S). » (V. Hugo)
Oxymore	Alliance, dans un même groupe, de mots de **sens contraires**.	« L'immobile piétinement des mortelles statues » (J. Tardieu)

1 ★ **Soulignez les parallélismes et encadrez les répétitions. Justifiez vos réponses.**

a. Montrerons-nous le ciel à la Mélancolie ?
Suivrons-nous le chasseur sur les monts escarpés ?
La biche le regarde ; elle pleure et supplie… (**A. de Musset**)

....

b. Ces deux jeunes gens jugeaient la société d'autant plus souverainement qu'ils s'y trouvaient placés plus bas […] Lucien avait beaucoup lu, beaucoup comparé ; David avait beaucoup pensé, beaucoup médité. (**H. de Balzac**)

....

....

c. « Non…Non… ça ne m'intéresse pas ! Mon combat de boxe ! C'est tout ! Je veux pas le savoir ! Non, ça ne m'intéresse pas de connaître son histoire ! Ça ne m'intéresse pas ! (**W. Mouawad**)

....

2 ★★ **Soulignez les oxymores et encadrez les chiasmes. Justifiez vos réponses.**

a. De grandes vaches se déplaçaient avec lenteur dans un silencieux tintement de cloche. (**A. Robbe-Grillet**)

....

b. Ah ! que le monde est grand à la clarté des lampes !
Aux yeux du souvenir que le monde est petit. (**Ch. Baudelaire**)

....

3 ★★★ **Relevez les figures de construction et montrez qu'elles révèlent la figure du poète universel.**

Mère, fille, et vous, fils, vous, ami, vous encore,
Recevez le soupir du soir vague et sonore,
Recevez le sourire et les pleurs du matin,
Recevez la chanson des mers, l'adieu lointain
Du pauvre mât penché parmi les lames brunes !

Victor Hugo, *Les Contemplations*, V, 1856.

....

....

....

Les figures de ressemblance et de correspondance

→ Corrigé de l'exercice 4 p. 79

Figures de ressemblance		
Comparaison	Mise en relation de deux éléments, le **comparé** (élément que l'on compare) et le **comparant** (élément auquel on compare) à l'aide d'un **outil de comparaison** (*comme, pareil à*...).	« L'autre source, presque invisible, froissait l'herbe comme un serpent. » (Colette)
Métaphore	Comparaison implicite, sans outil de comparaison. On appelle **métaphore filée** une métaphore qui se poursuit sur plusieurs lignes ou vers. La métaphore crée parfois des **personnifications**.	« Des troupeaux d'autobus mugissants près de toi roulent... » (G. Apollinaire) « La Lune s'attristait. » (S. Mallarmé) → personnification
Figures de correspondance		
Métonymie	Remplacement d'un terme par un autre, avec lequel il entretient une **relation de correspondance** (désignation du contenu par le contenant, de personnes par un lieu, d'un concept abstrait par un objet...)	« BÉRÉNICE. – Rome à ne vous plus voir m'a-t-elle [condamnée ? » (J. Racine) → Rome = le pouvoir romain
Synecdoque	Désignation d'une **partie par le tout** et inversement.	« Je vois un port rempli de voiles et de mâts » (Ch. Baudelaire) → voiles et mâts = bateaux

4 * **Soulignez les comparaisons et encadrez les métaphores. Justifiez vos réponses.**

a. Tu te moques de toi et comme le feu de l'Enfer ton rire pétille
Les étincelles de ton rire dorent le fonds de ta vie... (**G. Apollinaire**)

....

....

....

b. Maintenant que je la connais mieux, j'interprète ces éclairs de son visage. (**Colette**)

....

5 ** **Soulignez les métonymies et encadrez les synecdoques. Justifiez vos réponses.**

a. D'accord je travaille La Bruyère ou Verlaine dans la même pièce que lui, à deux mètres l'un de l'autre. (**A. Ernaux**) ....

b. DON RODRIGUE. – Fer qui causes ma peine,
M'es-tu donné pour venger mon honneur ? (**P. Corneille**) ....

c. J'ai marché, réveillant les haleines vives et tièdes, [...] et les ailes se levèrent. (**A. Rimbaud**)

....

6 *** **Repérez les figures de ressemblance et de correspondance et montrez qu'elles personnifient le paysage.**

Les sapins en bonnets pointus
De longues robes revêtus
Comme des astrologues
Saluent leurs frères abattus
Les bateaux qui sur le Rhin voguent...

Guillaume Apollinaire, *Alcools*, « Les Sapins », 1913.

....

....

....

....

Les figures d'amplification

→ Corrigé de l'exercice 7 p. 79

Les **figures d'amplification** renforcent l'**intensité expressive** du propos.

Énumération	Figure de style qui consiste à **énoncer successivement** les éléments d'un ensemble.	« Il cherche, il brouille, il crie, il s'échauffe. » (J. de La Bruyère)
Gradation	Énumération de mots ou d'expressions selon une **intensité croissante ou décroissante**.	« L'intrigue, la cabale, les projets sanguinaires précipiteraient votre chute… » (O. de Gouges)
Hyperbole	Emploi d'un **terme exagéré** pour mettre en valeur un objet, une idée.	« J'ai plus de souvenirs que si j'avais mille ans. » (Ch. Baudelaire)

7 ★ **Soulignez les figures de style et précisez s'il s'agit d'énumérations, de gradations ou d'hyperboles.**

a. Elles[1] piaillaient, beuglaient, hurlaient.
C'était un mélange de cris, de détonations de cuivre et d'explosions de fusées.
[…] Tout n'était que lumière, poussière, cris, joie, tumulte. (**Ch. Baudelaire**)

1. les baraques des foires foraines.

b. Dorante. – Dans tout ce qui s'est passé chez vous, il n'y a rien de vrai que ma passion qui est infinie, et que le portrait que j'ai fait. […] j'aime mieux votre haine que le remords d'avoir trompé ce que j'adore. (**Marivaux**)

c. Il faut espérer que la nation assemblée n'est composée que d'esprits droits, de cœurs sensibles, de bons citoyens et qu'elle répondra parfaitement aux bontés populaires du monarque. (**O. de Gouges**)

8 ★★★ **Repérez les figures d'amplification et montrez qu'elles créent un portrait en contraste.**

Alcibiade[1] disait que Socrate leur était semblable, parce qu'à le voir du dehors et à l'évaluer par l'aspect extérieur, vous n'en auriez pas donné une pelure d'oignon, tant il était laid de corps et d'un maintien ridicule, le nez pointu, le regard d'un taureau, le visage d'un fou, le comportement simple, les vêtements d'un paysan, de condition modeste, malheureux avec les femmes, inapte à toute fonction dans l'état; et toujours riant, trinquant avec chacun, toujours se moquant, toujours cachant son divin savoir. Mais en ouvrant cette boîte, vous y auriez trouvé une céleste et inappréciable drogue: une intelligence plus qu'humaine, une force d'âme merveilleuse, un courage invincible, une sobriété sans égale, une égalité d'âme sans faille, une assurance parfaite, un détachement incroyable à l'égard de tout ce pour quoi les humains veillent, courent, travaillent, naviguent et bataillent.

Rabelais, *Gargantua*, 1534.

1. Alcibiade est un personnage du *Banquet* de Platon.

Les figures d'opposition et d'atténuation

→ Corrigé de l'exercice 9 p. 79

Les **figures d'opposition et d'atténuation** créent un effet de **décalage** ou de **contradiction** entre ce qui est dit et ce qui est compris.

Antithèse	Rapprochement dans un même énoncé de **deux mots ou idées opposés.**	« La maison n'était plus qu'un bûcher horrible et magnifique. » (G. de Maupassant)
Antiphrase	Usage d'un mot ou d'une phrase signifiant **le contraire de ce que l'on pense vraiment.** Procédé d'**ironie.**	*Toinette se moque du compliment que Thomas Diafoirus a adressé à Argan :* « TOINETTE. - Vive les collèges d'où l'on sort si habile homme ! » (Molière)
Litote	Procédé qui permet de **dire le moins pour faire entendre le plus.** La litote s'appuie souvent sur la négation. → **La pragmatique de la négation, fiche 28 p. 43**	« J'espère que tu ne feras pas mentir nos éloges. » (H. de Balzac)

9 * Soulignez les antithèses et encadrez les antiphrases. Justifiez vos réponses.

a. BÉRÉNICE. – Je l'aime, je le fuis ; Titus m'aime, il me quitte. (**J. Racine**)

....

b. Félicite-toi maintenant de la durée de ton triomphe. Tu sais vaincre assez rapidement, Chevalier, mais tu ne sais pas conserver tes conquêtes. (**Abbé Prévost**)

....

c. L'homme continua : « Tu peux espérer que je vais bien le recevoir. » Il insista sur le mot « bien », de manière à montrer qu'il fallait comprendre tout le contraire. (**A. Robbe- Grillet**)

....

d. La profusion des choses cachait la rareté des idées et l'usure des croyances. (**A. Ernaux**)

....

10 ** Soulignez les litotes et expliquez-les.

a. ÉLECTRE. – Que ce n'est pas un mauvais sort que d'être jeune, beau et prince. (**J. Giraudoux**)

....

b. MASCARILLE. – Les portraits sont difficiles, et demandent un esprit profond : vous en verrez de ma manière qui ne vous déplairont pas. (**Molière**)

....

c. HARPAGON. – [L]e seigneur Anselme est un parti considérable [...]. Saurait-elle mieux rencontrer ?
VALÈRE. – Cela est vrai. Mais elle pourrait vous dire que c'est un peu précipiter les choses… (**Molière**)

....

11 * Soulignez les figures de style et précisez s'il s'agit d'antithèses, d'antiphrases ou de litotes.**

a. ARAMINTE, *à part, émue.* – Cette folle ! (*Haut.*) Je suis charmée de ce qu'elle vient de m'apprendre. Vous avez fait là un très bon choix ; c'est une fille aimable et d'un excellent caractère. (**Marivaux**)

....

b. MONSIEUR RÉMY [*parle de Dorante à Araminte*]. – Voyez comme il vous regarde : vous ne feriez pas là une si mauvaise emplette. (***Ibid.***)

....

c. CLÉANTHIS. – [...] Madame se tait, Madame parle ; elle regarde, elle est triste, elle est gaie : silence, discours, regards, tristesse et joie… (**Marivaux**)

....

Bilan Les figures de style

exercices interactifs
www.lienmini.fr/grev-033

12 * Ces affirmations sont-elles exactes ? OUI NON

a. La métaphore est une comparaison implicite, sans outil de comparaison. ○ ○

b. L'expression « boire un verre » est une synecdoque. ○ ○

c. Le chiasme est l'alliance de mots de sens contraire dans un même groupe grammatical. ○ ○

d. L'antiphrase est un procédé d'ironie. ○ ○

e. Hippolyte. – Présente je vous fuis, absente je [vous trouve.
Dans le fond des forêts votre image me suit. (**J. Racine**)

13 * Les figures de style ci-dessous sont-elles des répétitions, des parallélismes ou des anaphores ? Justifiez vos réponses. Soulignez les antithèses.

a. Te voici à Marseille au milieu des Pastèques
Te voici à Coblence à l'hôtel du Géant
Te voici à Rome assis sous un néflier du Japon
Te voici à Amsterdam avec une jeune fille
que tu trouves belle et qui est laide… (**G. Apollinaire**)

b. Ma main laisse l'effroi sur la main qu'elle touche,
L'orage est dans ma voix, l'éclair est sur ma bouche…
(**A. de Vigny**)

c. Je marcherai les yeux fixés sur mes pensées,
Sans rien voir au-dehors, sans entendre aucun bruit,
Seul, inconnu, le dos courbé, les mains croisées…
(**V. Hugo**)

d. Suzanne. – C'est Catherine.
Elle est Catherine.
Catherine, c'est Louis.
Voilà Louis.
Catherine. (**J.-L. Lagarce**)

14 ** Soulignez les oxymores et encadrez les chiasmes. Justifiez vos réponses.

a. Personne ne la regardait, ne songeait à elle. Elle se sentait noyée dans le mépris de ces gredins honnêtes qui l'avaient sacrifiée d'abord, rejetée ensuite comme une chose malpropre et inutile.
(**G. de Maupassant**)

b. Qui craint de souffrir, il souffre déjà de ce qu'il craint. (**M. de Montaigne**)

c. Elle changeait en désert Babylone,
Le trône en échafaud et l'échafaud en trône,
Les roses en fumier, les enfants en oiseaux…
(**V. Hugo**)

d. Argan. – Quatre-vingt-dix [ans] ?
Toinette. – Oui. Vous voyez un effet des secrets de mon art, de me conserver ainsi frais et vigoureux.
Argan. – Par ma foi voilà un beau jeune vieillard pour quatre-vingt-dix ans. (**Molière**)

15 ** Soulignez les figures de style et précisez s'il s'agit d'énumérations, de gradations ou d'hyperboles. Justifiez vos réponses.

a. Je l'assurai que, si elle voulait faire quelque fond sur mon honneur et sur la tendresse infinie qu'elle m'inspirait déjà, j'emploierais ma vie pour la délivrer de la tyrannie de ses parents, et pour la rendre heureuse. Je me suis étonné mille fois en y réfléchissant, d'où me venait alors tant de hardiesse et de facilité à m'exprimer, mais on ne ferait pas une divinité de l'amour, s'il n'opérait pas des prodiges. **(Abbé Prévost)**

....

....

b. Je m'engageai, par mille serments, à faire un jour leur fortune, s'ils [mes domestiques] voulaient consentir à mon évasion. Je les pressai, je les caressai, je les menaçai; mais cette tentative fut encore inutile! **(*Ibid.*)**

....

....

....

c. Cela fait, [Gargantua] était habillé, peigné, testonné, accoustré et parfumé, durant lequel temps on lui répétait les leçons du jour d'avant.
(F. Rabelais)

....

....

....

d. Phédon a les yeux creux, le teint échauffé, le corps sec et le visage maigre; il dort peu et d'un sommeil fort léger. **(J. de la Bruyère)**

....

....

....

16 ** Soulignez les antithèses, encadrez les litotes et entourez les antiphrases. Expliquez-les.

a. La question est une invention merveilleuse et tout à fait sûre pour perdre un innocent qui a la complexion faible et sauver un coupable qui est né robuste. **(J. de la Bruyère)**

....

....

....

....

....

....

....

....

b. LE PROFESSEUR. – Enfin, il ne fait pas trop mauvais, c'est le principal... Euh... euh... Il ne pleut pas, il ne neige pas non plus. **(E. Ionesco)**

....

c. SILVIA. – Mettons tout à profit, ce garçon-ci n'est pas sot, et je ne plains pas la soubrette qui l'aura... **(Marivaux)**

....

....

d. ARAMINTE. – [...] On aurait de mauvais procédés avec vous parce que vous en avez d'estimables; cela serait plaisant ! **(Marivaux)**

....

....

e. Dis-moi ton cœur parfois s'envole-t-il, Agathe,
Loin du noir océan de l'immonde cité
Vers un autre océan où la splendeur éclate,
Bleu, clair, profond ainsi que la virginité?
(Ch. Baudelaire)

....

....

....

....

....

....

17 * Relevez les figures de style et montrez qu'elles participent de la dénonciation du travail des enfants.**

Où vont tous ces enfants dont pas un seul ne [rit? [...]
Accroupis sous les dents d'une machine sombre,
Monstre hideux qui mâche on ne sait quoi [dans l'ombre,
Innocents dans un bagne, anges dans un enfer,
Ils travaillent. Tout est d'airain, tout est de fer.
Jamais on ne s'arrête, jamais on ne joue.
Aussi quelle pâleur! la cendre est sur leur joue.

Victor Hugo, *Les Contemplations*, III, 1856.

....

....

....

....

....

....

....

....

....

Le récit

Un **récit** est un type de texte qui vise à raconter une **succession d'événements**, réels ou fictifs, arrivant à des **personnages** humains ou humanisés.

Le narrateur

→ raconte l'histoire
→ distinct de l'auteur (sauf autobiographie)

- **extérieur** à l'histoire : narration à la 3e personne
  H. de Balzac, *Le Père Goriot*, 1842
- **présent** dans l'histoire comme personnage principal (A. Camus, *L'Étranger*, 1942) ou secondaire (Alain-Fournier, *Le Grand Meaulnes*, 1913) : narration à la 1re personne
  (la 2e personne est exceptionnelle M. Butor, *La Modification*, 1957)

Le point de vue (ou focalisation)

désigne la manière dont le narrateur décrit l'action

- **point de vue omniscient/focalisation zéro** : le narrateur sait tout et voit tout.
  H. de Balzac, *Le Père Goriot*, 1842
- **point de vue/focalisation interne** : le narrateur voit ou suit l'action à travers le regard d'un personnage.
  A. Camus, *La Peste*, 1947
- **point de vue/focalisation externe** : le narrateur voit l'action de l'extérieur ; il est un simple témoin et ne connaît rien des pensées des personnages.
  A. Robbe-Grillet, *Les Gommes*, 1954

Remarque : Dans un roman, la focalisation est souvent variable avec des alternances de points de vue.
G. Flaubert, *Madame Bovary*, 1857

La chronologie du récit

Ordre → peut être chronologique ou procéder par ruptures :

- retour en arrière : **une analepse**
  cf. roman policier : M. Leblanc, *L'Aiguille creuse*, 1909
- anticipation : **une prolepse**
  Abbé Prévost, *Manon Lescaut*, 1731 (récit cadre)

Durée → le temps du récit ou le temps de l'histoire peuvent :

- **coïncider** : temps du récit = temps de l'histoire = **scène**
  R. Radiguet, *Le bal du comte d'Orgel*, 1924
- **différer** : temps de l'histoire > temps du récit = **sommaire**
  « Il voyagea » (G. Flaubert, *L'Éducation sentimentale*, 1869)
  ou temps de l'histoire < temps du récit = **pause**
  la description initiale de la maison Vauquer (H. de Balzac, *Le Père Goriot*, 1842)

Remarque : Un épisode peut être passé sous silence (pas de récit) = **ellipse**.
« un espace de trois années » (Stendhal, *La Chartreuse de Parme*, 1839)

Le récit est présent dans différents genres :

- au **théâtre**, notamment dans des tirades
  Récit du Cid (P. Corneille)
- en **poésie**, notamment dans les épopées (chansons de geste), les fables
- dans la **presse** (faits divers, reportages)
- dans les romans, contes et nouvelles où il est prépondérant :
  - roman de chevalerie
    Chr. de Troyes, *Lancelot ou le Chevalier à la charrette*, XIIe s.
  - roman psychologique
    Madame de La Fayette, *La Princesse de Clèves*, 1678
  - roman épistolaire
    Montesquieu, *Lettres persanes*, 1721
  - roman d'apprentissage
    Stendhal, *Le Rouge et le Noir*, 1830
  - roman d'aventures
    A. Dumas, *Le Comte de Monte-Christo*, 1844
  - roman policier
    G. Simenon, *Maigret tend un piège*, 1955
  - roman d'anticipation ou de science-fiction
    R. Bradbury, *Chroniques martiennes*, 1950
  - roman autobiographique
    J.-P. Sartre, *Les Mots*, 1963
  - roman philosophique A. Camus, *La Chute*, 1956

Remarque : le récit est aussi présent dans la bande dessinée, les films, les séries télévisées.

Le théâtre

Le **théâtre** est à la fois un **texte** et une **représentation** sur scène.

→ Le **texte théâtral** se caractérise par une **double énonciation** : les personnages s'adressent en même temps à d'autres personnages et au public tandis que l'auteur s'adresse aux spectateurs à travers les personnages. Il y a donc deux émetteurs (les personnages et l'auteur) et deux destinataires (les personnages et les spectateurs).

Structure du texte théâtral

- **actes** : divisions du texte théâtral
- **scènes** : divisions d'un acte : chaque scène correspond à l'entrée ou la sortie d'un personnage.
- **une ou plusieurs scènes d'exposition** : donnent les informations nécessaires à la compréhension de l'intrigue qui va se dérouler.
- **le nœud de l'action** : occupe les actes suivants qui déroulent obstacles et rebondissements (péripéties, coups de théâtre, quiproquos...).
- **le dénouement** : occupe le dernier acte ; c'est le moment où la situation est réglée définitivement de façon heureuse : comédie (**Molière**, *Le Bourgeois gentilhomme*, 1670) ou malheureuse : tragédie (**J. Racine**, *Andromaque*, 1667).

Entre deux actes ou deux scènes, l'action se poursuit.
J. Racine, *Phèdre*, 1677 : Hippolyte meurt entre les scènes 3 et 5 de l'acte V.

Remarque : À partir du XXe siècle, les **tableaux** (**J. Anouilh**, *Le Bal des voleurs*, 1938) ou **parties** (**J. Pommerat**, *Cendrillon*, 2011) remplacent parfois les actes, et la division en scènes peut aussi disparaître (**B.-M. Koltès**, *Le Retour au désert*, 1988).

Répliques

→ de diverses longueurs
→ échangées par les personnages dans un dialogue
→ destinées à être entendues par le public

Remarque : Les didascalies sont des indications scéniques (gestes, ton, déplacements...) non prononcées par les comédiens et souvent en italique.

- **stichomythie** : succession de répliques brèves
- **tirade** : longue réplique d'un personnage au sein d'un dialogue
- **monologue** : tirade prononcée par un personnage seul en scène ou qui se croit seul
- **aparté** : paroles d'un personnage adressées directement au public à l'insu des autres personnages
- **récit** : discours dans lequel un personnage évoque des événements non montrés sur scène

Les genres principaux du XVIIe au XXIe siècles

- **la tragi-comédie (première moitié du XVIIe siècle)** : pièce à l'intrigue complexe et à la fin heureuse, mêlant les registres. **P. Corneille**, *L'Illusion comique*, 1635
- **la tragédie (XVIIe s.)** : pièce en 5 actes, en vers, mettant en scène des personnages nobles et visant à susciter la crainte et la pitié (*catharsis*) ; le dénouement est malheureux. **J. Racine**, *Britannicus*, 1669
- **la comédie (XVII-XVIIIe s.)** : pièce en 3 ou 5 actes, en vers ou en prose, visant à corriger les mœurs par le rire et dont le dénouement est souvent heureux. **Molière**, *Les Femmes savantes*, 1672. Au XVIIIe siècle, dominent la comédie des sentiments (**Marivaux**, *Les Fausses confidences*, 1737) et la comédie d'intrigue qui parfois critique l'ordre social (**Beaumarchais**, *Le Mariage de Figaro*, 1784).
- **le drame romantique (XIXe s.)** : rejet des règles classiques, mélange des genres, héros tourmentés, portés par un idéal. Le dénouement est tragique. **V. Hugo**, *Hernani*, 1830
- **Le théâtre contemporain (XXe-XXIe s.)** : éclatement des genres, ouverture aux autres arts... **A. Mnouchkine**, *1789*, *1974* ; **W. Mouawad**, *Incendies*, 2003.

La poésie

Un **texte poétique** s'identifie par sa **musicalité** (vers, sonorités, rythme) et par la création **d'images** (figures de style, symboles…) propres à frapper l'esprit et les sentiments du lecteur.

Le vers et la strophe

les types de vers

alexandrin (12 syllabes), décasyllabe (10 syllabes), octosyllabe (8 syllabes), vers libres.

les types de strophes

distique (2 vers), tercet (3 vers), quatrain (4 vers), quintil (5 vers), sizain (6 vers), dizain (10 vers).

le décompte des syllabes

- *e* muet non compté à la fin du vers, à la fin d'un mot si le suivant commence par une voyelle.
- *e* muet compté à la fin d'un mot si le suivant commence par une consonne.

synérèse : on compte une syllabe pour deux voyelles qui se suivent.
« Le l[i-on] océan est amoureux de moi » (**V. Hugo**)

diérèse : on compte deux syllabes pour deux voyelles qui se suivent.
« Tu cont[ien]s, mer d'ébène, un éblouissant rêve » (**Ch. Baudelaire**)

Remarque : Pour obtenir le bon nombre de syllabes, certains auteurs écrivent *encor*, *jusques*… (licence poétique).

La rime

disposition

rimes plates (ou suivies) : AABB,
rimes embrassées : ABBA,
rimes croisées : ABAB.

genre

rime féminine : vers terminé par un e muet.
aur**ores** / ast**res**
rime masculine : vers terminé par tout autre son.
cœ**ur** / douce**ur**

richesse

pauvre : les deux mots à la rime ont un seul son en commun.
ser**ein** / loint**ain**
suffisante : deux sons en commun.
vill**age**/davant**age**
riche : trois sons en commun ou plus.
na**ture**/pein**ture**

Le rythme

La **césure** sépare un vers en deux hémistiches (4/6, 6/4, 6/6…).
« Il cligne ses yeux d'or || hébétés de sommeil. » (**Leconte de Lisle**)

L'**enjambement** consiste à continuer la phrase sur plusieurs vers (continuité).
« Or les petits enfants, sous le rideau flottant
Parlent bas comme on fait dans une nuit obscure. » (**A. Rimbaud**)

Le **contre-rejet** consiste à commencer au vers précédent, en y plaçant un ou deux mots, une proposition qui s'achève dans le vers suivant (mise en valeur).
« Les pieds dans les glaïeuls, il dort. **Souriant comme**
Sourirait un enfant malade. Il fait un somme. » (**A. Rimbaud**)

Le **rejet** consiste à rejeter au vers suivant un ou deux mots qui font partie, par le sens, du vers précédent (mise en valeur).
« Il dort dans le soleil, la main sur la poitrine
Tranquille. Il a deux trous rouges au côté droit. » (**A. Rimbaud**)

Les sonorités

assonance : répétition de sons voyelles.
« La bise fait le bruit d'un géant qui soupire » (**V. Hugo**)
allitération : répétition de sons consonnes.
« Les souffles de la nuit flottaient sur Galgala » (**V. Hugo**)

Remarque : L'assonance ou l'allitération peuvent imiter le bruit de ce qui est décrit.

Les formes poétiques de la modernité

le poème en prose (XIXᵉ s.) : non versifié.
Ch. Baudelaire, *Petits poèmes en proses*, 1859
le calligramme (XXᵉ s.) : poème dont le texte est disposé pour faire apparaître un dessin correspondant à son thème.
G. Apollinaire, *Calligrammes*, 1918
la chanson à textes, le slam, le rap (XXᵉ-XXIᵉ s.). **G. Faye**, *Solstices*, 2017

Remarque : Les formes poétiques classiques sont toujours utilisées et peuvent être détournées.
S. Mallarmé, « Le sonnet en X », 1899

La littérature d'idées

La **littérature d'idées** se rattache au **type de texte argumentatif**. Elle regroupe les œuvres qui ont pour but de convaincre ou de persuader le lecteur, pour lui apporter un enseignement ou remettre en cause la société présente.

→ Dans l'**argumentation**, l'auteur vise à défendre une thèse auprès d'un auditoire au moyen d'arguments choisis et organisés. Il vise à **convaincre** par le raisonnement en faisant appel à des preuves et à des arguments logiques, ou à **persuader** en faisant appel à la raison, mais aussi aux émotions, en jouant sur la suggestion, voire la manipulation.

Trois modes de raisonnement

- **déductif** (thèse au début du texte)
- **inductif** (thèse à la fin du texte)
- **par analogie** (relations entre objets de pensée)

Plusieurs types d'argument

- **logiques**
- **empiriques** (expérience)
- **affectifs**
- **d'autorité…**

Argumentation directe = thèse ou opinion formulée explicitement

- **l'essai** : ensemble de réflexions suivies d'un auteur, réunies en un recueil, entre expérience personnelle vécue et regard général sur le monde et sur l'Homme.
  - **Avec *Les Essais* (1580), Montaigne a créé ce genre qui a évolué vers moins de subjectivité** (**Voltaire**, *Essai sur les mœurs et l'esprit des nations*, 1756).
- **le traité** : ouvrage didactique sur un sujet donné (littéraire, philosophique, scientifique…).
  - **J. Locke**, *Traité du gouvernement civil*, 1689 ; **Voltaire**, *Traité sur la tolérance*, 1763.
- **les pensées et réflexions** : recueil fragmentaire des pensées ou des réflexions d'un auteur
  - **B. Pascal**, *Pensées sur la religion*, 1670 ; **E. Kant**, *Réflexions sur l'éducation*, 1803.
- **la maxime** : forme brève (souvent une phrase) énonçant une vérité morale, une règle d'action.
  - **F. de La Rochefoucauld**, *Réflexions ou sentences et maximes morales*, 1665.

Argumentation indirecte = thèse ou opinion formulée implicitement par le recours à la fiction

- **l'apologue** : récit fictif, en vers ou en prose, qui illustre une leçon.
  - **J. de La Fontaine**, *Fables*, 1668 ; **Ch. Perrault**, *Contes*, 1694 ; **Voltaire**, *Contes* (*Candide* : 1759).
- **le roman** : évoque des questions sociales.
  - **V. Hugo**, *Les Misérables*, 1862 ; **L. Aragon**, *Les Beaux Quartiers*, 1936.
- **le théâtre d'idées** : met en scène des débats sociaux ou philosophiques.
  - **J.-P. Sartre**, *Huis clos*, 1944 ; **C. Anne**, *J'ai rêvé la Révolution*, 2018.
- **la poésie engagée** : porte les idées avec le rythme, la musique des mots, les images.
  - **V. Hugo**, *Les Contemplations*, 1856 ; **P. Eluard**, « Liberté », 1942 ; **A. Césaire**, *Ferrements*, 1960.

Méthode

→ Corrigés des exercices 1 à 4 p. 79

La **question de grammaire** fait partie de l'épreuve orale de français au baccalauréat.
La première partie de l'épreuve porte sur un texte étudié au cours de l'année de 1re. Elle est constituée d'une lecture expressive (2 points), d'une explication linéaire (8 points) et de la **question de grammaire (2 points)**.
La deuxième partie est un entretien autour d'une œuvre lue au cours de l'année de 1re (8 points).

→ La question de grammaire porte sur **une seule des notions de langue du programme de la classe de 2de ou de 1re**. Elle porte **sur la grammaire et non sur le sens du texte**.

→ Elle est le plus souvent introduite par les verbes-consignes :

Entraînez-vous à distinguer les verbes-consignes à l'aide du lien ou du flashcode ci-dessous. www.lienmini.fr/grev-034

- **Analyser** : identifier des éléments, comprendre le fonctionnement de la langue, formuler des règles
- **Transformer** : réécrire un passage, faire des modifications
- **Expliquer, justifier** : donner des raisons ou des preuves pour valider une analyse

Exemple

Question Analysez toutes les propositions subordonnées dans ce passage de *Gargantua* de François Rabelais (1534).

Verbe-consigne à connaître
Programme de 1re

« Alors qu'ils tenaient ces menus propos de beuverie, Gargamelle commença à se sentir mal du bas. Grandgousier, qui était allongé dans l'herbe, se leva alors et alla la réconforter gentiment, pensant que l'enfant arrivait. Il lui dit que, s'étant installée sur l'herbe, sous les saules, elle ferait bientôt pieds neufs. »

La réponse à la question doit :
1. être courte et précise ;
2. s'appuyer sur le texte (il faut citer les mots ou les segments étudiés) ;
3. employer le lexique grammatical adapté ;
4. lorsque c'est nécessaire, formuler des règles et utiliser les manipulations grammaticales (→ verso 1) pour faire des tests et justifier ses analyses.

Il existe une méthode propre à chacune des notions étudiées (→ p. 71 à 77).

Exemple

Réponse La subordonnée circonstancielle de temps « Alors qu'ils tenaient ces menus propos de beuverie » est introduite par la locution conjonctive « alors que ». Elle est complément circonstanciel de la principale.

La subordonnée relative adjective « qui était allongé dans l'herbe », introduite par le pronom relatif « qui », sujet de « était allongé », est complément de l'antécédent « Grandgousier ».

Les subordonnées conjonctives (complétives) « que l'enfant arrivait » et « que, s'étant installée sur l'herbe, sous les saules, elle ferait bientôt pieds neufs », introduites par la conjonction « que », sont respectivement COD des verbes « pensant » et « dit ».

citations du texte
lexique grammatical adapté

Vous pouvez utiliser cette grille d'auto-évaluation pour vérifier que vous appliquez correctement la méthode.	oui	non
J'ai lu la question et j'ai compris à quelle notion de langue du programme elle renvoie. J'ai respecté la consigne (analyse et/ou transformation).		
J'ai identifié dans le texte l'(les) occurrence(s) à analyser, et je l'(les) ai soulignée(s).		
Je me suis posé les questions nécessaires. → p. 71 à 77		
J'ai utilisé le lexique grammatical précis et adapté en fonction de la question posée.		
J'ai fourni des explications pour justifier ma réponse, notamment en utilisant les manipulations grammaticales lorsque c'est nécessaire. → verso 1		
J'ai organisé ma réflexion sous la forme d'une démonstration.		

1 * **Pour chaque question, choisissez la formulation qui convient le mieux pour répondre.**

A Toinette. – Moi, vous abandonner ? J'aimerais mieux mourir. **Molière**, *Le Malade imaginaire*, I, 8, 1673.

Question : *Analysez la forme verbale soulignée.*

- ◯ La forme verbale soulignée est au conditionnel.
- ◯ Le verbe (au conditionnel) exprime un fait qui est conditionnel, qui est soumis à certaines conditions (elle aimerait mieux mourir que d'abandonner Angélique).
- ◯ Il s'agit de la 1re personne du singulier du conditionnel présent du verbe « aimer » ; ici, le conditionnel exprime un fait hypothétique.

B Il vous était bien facile de tromper un cœur dont vous étiez la souveraine absolue.

Abbé Prévost, *Manon Lescaut*, 1731.

Question : *Analysez la proposition subordonnée soulignée.*

- ◯ La proposition subordonnée soulignée est une subordonnée relative. Elle comporte un verbe conjugué (« étiez »).
- ◯ La proposition subordonnée soulignée est une subordonnée relative adjective introduite par le pronom relatif « dont », qui a la fonction de complément du nom « la souveraine absolue ». La proposition relative est quant à elle complément de l'antécédent. Elle complète le nom « cœur » ; elle comporte un verbe conjugué (« étiez »).
- ◯ C'est une proposition subordonnée relative.

2 ** **Lisez le texte et la question, puis complétez la réponse proposée en utilisant le lexique grammatical adapté.**

Et que j'aime ô saison que j'aime tes rumeurs
Les fruits tombant sans qu'on les cueille
Le vent et la forêt qui pleurent
Toutes leurs larmes en automne feuille à feuille
Les feuilles
Qu'on foule
Un train
Qui roule
La vie
S'écoule

Guillaume Apollinaire, *Alcools*, « Automne malade », 1913.

Question : *Justifiez l'accord des verbes soulignés.*

Le verbe s'accorde en .... et en .... avec le ....

Ici, le verbe « cueille » s'accorde avec son ...., le .... « on », en nombre (....................) et en personne (....................................). Le .... « pleurent » s'accorde avec son ...., le .... « qui ». Pour connaître le nombre et la personne, il faut se référer à son ...., ici « Le vent et la forêt » (sujet multiple, pluriel, 3e personne).

3 ** **Pour chaque question, rédigez la réponse à la question posée en vous aidant du brouillon réalisé par un élève.**

A Impertinente ! pourquoi t'aurais-je écrit ? que t'eussé-je dit ? **H. de Balzac**, *Mémoire de deux jeunes mariées*, 1841.

Question : *Analysez l'expression de l'interrogation dans ce passage.*

2 interrogations directes partielles – fausses questions = reproche (= déclaration). ⚠ Penser au mot introducteur.

....

....

....

....

....

B Alexandre, alors qu'il se trouvait dans l'hippodrome [...], s'aperçut que la fureur du cheval ne venait que de la frayeur que lui causait son ombre. ***Ibid.***

Question : *Expliquez la syntaxe de cette phrase complexe.*

4 propositions : prop. principale + 1 prop. circ. + 1 prop. conj. + 1 prop. rel.
⚠ Nature des mots introducteurs : conjonctions de subordination/pronom relatif ; fonction des propositions : CC/COD/complément de l'antécédent.

4 ** Observez les annotations du professeur sur la copie, puis corrigez ou améliorez les réponses apportées par l'élève.

Les enclos qui jouxtaient le nôtre ne réclamaient pas de mystère : la déclivité du sol, des murs hauts et vieux, des rideaux d'arbres protégeaient notre « jardin d'en haut » et notre « jardin d'en bas ».

Colette, *Sido*, 1930, © Librairie Arthème Fayard et Hachette Littérature, 2004.

Question : *Expliquez les relations entre les propositions qui composent cette phrase.*

Oui, mais lesquelles ? Il y a trois propositions dans cette phrase,
Cite le texte. ~~deux principales~~ et une subordonnée.
Il y a deux points pour séparer les ~~deux principales~~.
Utilise le lexique grammatical adéquat.
Si tu identifies une subordonnée, il faut indiquer par quel mot subordonnant elle est introduite et donner sa nature.

2 BAC

Répondre à la question de grammaire

Sujets types

Les accords 2de — Méthode

→ Pour expliquer la **chaîne d'accords dans le GN**, il faut :
- identifier la **classe grammaticale** des différents mots qui le composent (déterminant, nom, adjectif...) ;
- donner la **règle d'accord** ;
- préciser le **genre** et le **nombre**.

→ Pour expliquer les **accords du verbe avec le sujet**, il faut :
- repérer le **verbe**, identifier le **sujet** en donnant **sa nature** (pronom, GN, proposition ...) et commenter **sa place** dans la phrase, surtout lorsqu'il est **postposé** ou **éloigné** du verbe ;
- donner la **règle d'accord** ;
- préciser le **nombre** et la **personne**.

1 POÉSIE Justifiez l'accord des verbes soulignés.

C'est le Diable qui tient les fils qui nous remuent !
Aux objets répugnants nous trouvons des [appâts ;
Chaque jour vers l'Enfer nous descendons [d'un pas,
Sans horreur, à travers des ténèbres qui puent.

Charles Baudelaire, *Les Fleurs du Mal*, « Au lecteur », 1857.

2 ROMAN-RÉCIT Expliquez l'accord des participes passés dans ce passage.

Oh ! voir des enfants parés par nos mains, voir cette peau si fraîche où brillent les veines bleues quand on les a baignés, étuvés, épongés soi-même, rehaussée par les vives couleurs du velours ou de la soie ; mais c'est mieux qu'un poème !

H. de Balzac, *Mémoire de deux jeunes mariées*, 1841.

3 ROMAN-RÉCIT Justifiez l'accord des adjectifs dans ce passage.

Ses yeux bleu-gris-vert-marron, humbles, me supplient, et je me repens tout de suite.

Colette, *Les Vrilles de la vigne*, 1930, © Arthème Fayard, 2004.

4 THÉÂTRE Analysez les chaînes d'accord soulignées.

IPHICRATE. – Nous sommes seuls échappés du naufrage ; tous nos camarades ont péri, et j'envie maintenant leur sort.

Marivaux, *L'Île des esclaves*, scène 1, 1725.

5 ROMAN-RÉCIT Justifiez l'accord au singulier du groupe nominal souligné.

Il semblait avoir deviné quelque succession à déguster, à partager, à inventorier, à grossoyer, une succession pleine d'actes à faire, grosse d'honoraires, aussi juteuse que le filet tremblant dans lequel l'amphitryon plongeait alors son couteau.

Honoré de Balzac, *La Peau de chagrin*, 1831.

6 LITTÉRATURE D'IDÉES Entraînement à l'oral

Répondez à la question, puis accédez à la vidéo du corrigé à l'aide du flashcode ou du lien suivant.

www.lienmini.fr/grev-035

Expliquez l'accord du verbe souligné avec son sujet, puis transformez la phrase en remplaçant ce sujet par « une multitude d'hommes ».

Sentir le mérite, et quand il est une fois connu, le bien traiter, deux grandes démarches à faire tout de suite, et dont la plupart des grands sont fort incapables.

Jean de la Bruyère, *Caractères*, livre IX, 1687.

Le verbe 2de

Méthode

→ Pour analyser une **forme verbale**, il faut indiquer le mode, le temps, la personne et le nombre.

→ Pour étudier les **valeurs du verbe**, il faut s'interroger sur le **contexte** dans lequel celui-ci est employé.

→ Pour étudier la **concordance des temps**, il faut :
- identifier le **système des temps** employé (temps du présent, temps du passé) ;
- analyser la **syntaxe de la phrase** (identifier la principale et la subordonnée) ;
- analyser les **relations chronologiques** entre les formes verbales de la phrase (antériorité, simultanéité, postériorité).

7 POÉSIE Expliquez la concordance des temps dans ce passage.

Il me semblait que tout n'était qu'un affreux [rêve,
Qu'elle ne pouvait pas m'avoir ainsi quitté,
Que je l'entendais rire en la chambre à côté,
Que c'était impossible enfin qu'elle fût morte,
Et que j'allais la voir entrer par cette porte !

Victor Hugo, *Les Contemplations*, IV, 1856.

8 THÉATRE Expliquez l'emploi des temps de l'indicatif dans cet extrait.

ANTOINE. – je pense,
je pensais,
que peut-être, sans que je comprenne donc
(comme une chose qui me dépassait),
que peut-être tu n'avais pas tort,
et que en effet, les autres, les parents, moi, le reste du monde, nous n'étions pas bons avec toi et nous te faisions du mal.

Jean-Luc Lagarce, *Juste la fin du monde*, 2e partie, scène 3

9 THÉATRE Justifiez l'emploi du subjonctif *comprenne* dans le texte de l'exercice 8.

10 LITTÉRATURE D'IDÉES **Justifiez l'emploi du présent dans ce passage.**

La femme naît libre et demeure égale à l'homme en droits. Les distinctions sociales ne peuvent être fondées que sur l'utilité commune.

Olympe de Gouges, *Déclaration des droits de la femme et de la citoyenne*, 1791.

....

....

....

....

....

11 ROMAN-RÉCIT **Analysez la valeur des temps soulignés.**

Si le jeune homme avait contemplé ce triste Cerbère, peut-être se serait-il dit : Il n'y a plus qu'un jeu de cartes dans ce cœur-là !

Honoré de Balzac, *La Peau de chagrin*, 1831.

....

....

....

....

....

....

....

....

....

....

12 LITTÉRATURE D'IDÉES **Entraînement à l'oral**

Répondez à la question, puis accédez à la vidéo du corrigé à l'aide du flashcode ou du lien suivant.

www.lienmini.fr/grev-036

Analysez la valeur des temps du passé dans ce passage.

À cette époque, en pleine saison des vendanges, au début de l'automne, les bergers de la contrée étaient occupés à gager les vignes et à empêcher les étourneaux de manger les grains de raisin. Au même moment, les fouaciers de Lerné traversaient le grand carrefour en menant dix ou douze charges de fouaces à la ville. Les bergers leur demandèrent courtoisement de leur en vendre, au prix du marché.

François Rabelais, *Gargantua*, 1534, traduit par Gérard Milhe-Poutingon, coll. Classiques & Cie Lycée, © Éditions Hatier, 2012.

La phrase complexe 2de / 1re
Les propositions subordonnées

Méthode

→ Pour analyser la **phrase complexe**, il faut :
- donner la **nature** des différentes **propositions** ;
- donner la **nature** du **subordonnant** introduisant la ou les subordonnée(s), s'il y en a un ;
- identifier la **relation entre les propositions** (juxtaposition, coordination, subordination) ;
- préciser la **fonction** des propositions **subordonnées** ;
- dans le cas d'une subordonnée relative, indiquer l'**antécédent** du **pronom relatif** et préciser sa **fonction**.

13 POÉSIE **Analysez cette phrase complexe en identifiant chacune des propositions qui la composent.**

Quand ce spectre a passé,
Ô penseurs, au milieu de ce groupe amassé,
Qui vient de voir le fond d'un cœur qui se déchire,
Qu'entendez-vous toujours ?

Victor Hugo, *Les Contemplations*, III, 1856.

....

....

....

....

....

....

....

....

....

....

14 THÉATRE **Identifiez une proposition subordonnée et analysez-la.**

TOINETTE, *faisant semblant de s'être cogné la tête.* – Diantre soit fait de votre impatience, vous pressez si fort les personnes, que je me suis donné un grand coup de la tête contre la carne d'un volet.

Molière, *Le Malade imaginaire*, I, 2, 1673.

....

....

....

....

....

....

....

....

15 ROMAN-RÉCIT **Expliquez les relations entre les différentes propositions de cette phrase.**

Je pressai Manon de fuir, car nos secours étaient inutiles à un cadavre, et je craignais d'être arrêté par le guet, qui ne pouvait tarder à paraître.

Abbé Prévost, *Manon Lescaut*, 1731.

16 ROMAN-RÉCIT **Transformez la première partie de la phrase de l'exercice 15 (« Je pressai […] à un cadavre ») pour faire apparaître une proposition principale et une subordonnée.**

17 LITTÉRATURE D'IDÉES **Expliquez la construction de cette phrase complexe.**

Dès qu'il fut rentré, Gymnaste raconta dans quel état il avait trouvé les ennemis et expliqua le stratagème qui lui avait permis de mettre en déroute une troupe entière.

François Rabelais, *Gargantua*, 1534, traduit par Gérard Milhe-Poutingon, coll. Classiques & Cie Lycée, © Éditions Hatier, 2012.

18 ROMAN-RÉCIT **Transformez la proposition participiale soulignée en proposition subordonnée circonstancielle.**

Les vitres ayant retenti d'un claquement sourd, il pensa que cette froide caresse digne des mystères de la tombe lui avait été faite par quelque chauve-souris.

Honoré de Balzac, *La Peau de chagrin*, 1831.

19 THÉATRE **Transformez cette phrase en remplaçant les propositions soulignées par des subordonnées.**

J'étais derrière la maison et j'entends une voiture,
J'ai pensé que tu avais acheté une voiture […]

Jean-Luc Lagarce, *Juste la fin du monde*, © Les Solitaires intempestifs, 1990.

20 LITTÉRATURE D'IDÉES **Entraînement à l'oral**

Répondez à la question, puis accédez à la vidéo du corrigé à l'aide du flashcode ou du lien suivant.

www.lienmini.fr/grev-037

Expliquez l'organisation de cette phrase complexe.

Les hommes ne veulent pas que l'on découvre les vues qu'ils ont sur leur fortune, ni que l'on pénètre qu'ils pensent à une telle dignité […].

Jean de la Bruyère, *Caractères*, livre VIII, 1687.

21 THÉATRE **Entraînement à l'oral**

Répondez à la question, puis accédez à la vidéo du corrigé à l'aide du flashcode ou du lien suivant.

www.lienmini.fr/grev-038

Expliquez les relations entre les différentes propositions qui composent cette phrase.

DUBOIS. – En arrangeant l'appartement de Monsieur Dorante, j'y ai vu, par hasard, un tableau où Madame est peinte, et j'ai cru qu'il fallait l'ôter et qu'il n'avait que faire là.

Marivaux, *Les Fausses Confidences*, II, 10, 1738.

L'interrogation 1re

Méthode

→ Pour analyser l'**interrogation**, il faut :
- se demander si l'interrogation est **directe** ou **indirecte** et si elle est **totale** ou **partielle** ;
- identifier le **mot interrogatif**, donner sa nature et éventuellement sa **fonction** ;
- se demander quel **acte de langage** elle permet de réaliser : interroger, asserter, s'exclamer, ordonner ;
- se demander s'il s'agit d'une **vraie question** ou d'une **fausse question** (question rhétorique) ;
- identifier le **niveau de langue** utilisé.

22 POÉSIE **Analysez l'interrogation dans cette phrase et justifiez votre analyse.**

Ô belle Loreley aux yeux pleins de pierreries
De quel magicien tiens-tu ta sorcellerie

Guillaume Apollinaire, *Alcools*, « La Loreley », 1913.

....
....
....
....
....
....
....
....

23 LITTÉRATURE D'IDÉES **Transformez ce dialogue en passant du discours direct au discours indirect.**

Quand Grandgousier vit que le bon Ulrich Gallet était de retour, il lui demanda : « Ha, mon ami, mon ami, quelles nouvelles m'apportez-vous ? »
On ne peut rien, répondit Gallet. Cet homme est entièrement hors de son sens et oublié de Dieu.

François Rabelais, *Gargantua*, 1534, traduit par Gérard Milhe-Poutingon, coll. Classiques & lycée, © Éditions Hatier, 2012.

....
....
....
....

24 THÉATRE **Analysez l'expression de l'interrogation.**

TOINETTE. – Vous ne la mettrez point dans un couvent.
ARGAN. – Je ne la mettrai point dans un couvent ?
TOINETTE. – Non.
ARGAN. – Non ?
TOINETTE. – Non.

Molière, *Le Malade imaginaire*, I, 5, 1673.

....
....
....
....
....
....
....
....
....
....
....
....

25 ROMAN-RÉCIT **Analysez l'interrogation dans ce passage.**

« De quoi s'agit-il donc ? lui dis-je. – Ah ! monsieur, entrez, répondit-elle, et voyez si ce spectacle n'est pas capable de fendre le cœur. »

Abbé Prévost, *Manon Lescaut*, 1731.

....
....
....
....
....
....
....
....
....
....
....
....

26 LITTÉRATURE D'IDÉES **Entraînement à l'oral**

Répondez à la question, puis accédez à la vidéo du corrigé à l'aide du flashcode ou du lien suivant.

www.lienmini.fr/grev-039

Analysez l'expression de l'interrogation dans ce passage.

ANTOINE. – Je n'ai rien dit de désagréable,
Pourquoi est-ce que je dirais quelque chose de désagréable, qu'est-ce qu'il y a de désagréable [à cela,
y-a-t-il quelque chose de désagréable à ce que [je dis ?

Jean-Luc Lagarce, *Juste la fin du monde*, 2e partie, scène 2
© Les Solitaires intempestifs, 1990.

L'expression de la négation 1re

Méthode

→ Pour étudier la **négation**, il faut :
- identifier les **termes** qui portent la négation (adverbes, pronoms, déterminants) ;
- se demander si la négation est **totale, partielle** ou **restrictive** (portée de la négation) ;
- dans le cas de la **négation restrictive**, utiliser le test du remplacement par l'adverbe ***seulement*** ;
- savoir distinguer la **négation lexicale** (préfixe, vocabulaire…) et la **négation grammaticale** ;
- identifier la **valeur pragmatique** de la négation (négation descriptive ou négation polémique) en lien avec le sens et éventuellement avec les figures de style (questions rhétoriques, litotes, ironie…).

27 THÉATRE **Analysez la négation lexicale dans cette réplique d'Euphrosine.**

EUPHROSINE. – Ne persécute point une infortunée, parce que tu peux la persécuter impunément. Vois l'extrémité où je suis réduite ; et si tu n'as point d'égard au rang que je tenais dans le monde, à ma naissance, à mon éducation, du moins que mes disgrâces, que mon esclavage, que ma douleur t'attendrissent : tu peux ici m'outrager autant que tu le voudras ; je suis sans asile et sans défense, je n'ai que mon désespoir pour tout secours, j'ai besoin de la compassion de tout le monde, de la tienne même, Arlequin.

Marivaux, *L'Île des esclaves*, scène 8, 1725.

……………………………………………………………………………

……………………………………………………………………………

……………………………………………………………………………

……………………………………………………………………………

……………………………………………………………………………

……………………………………………………………………………

28 THÉATRE **Analysez la négation grammaticale dans la réplique d'Euphrosine de l'exercice 27.**

……………………………………………………………………………

……………………………………………………………………………

……………………………………………………………………………

……………………………………………………………………………

……………………………………………………………………………

……………………………………………………………………………

……………………………………………………………………………

……………………………………………………………………………

……………………………………………………………………………

……………………………………………………………………………

……………………………………………………………………………

29 ROMAN-RÉCIT **Transformez la proposition subordonnée circonstancielle soulignée à la forme négative, sans changer le sens de la phrase.**

Je frissonnai, et crus frémir de jalousie, <u>alors qu'il s'agissait seulement d'une résonance poétique</u>, éveillée par la magie du secours efficace scellé d'or…

Colette, *Sido*, 1930,

……………………………………………………………………………

……………………………………………………………………………

……………………………………………………………………………

……………………………………………………………………………

……………………………………………………………………………

30 LITTÉRATURE D'IDÉES **Analysez l'expression de la négation dans ce passage.**

Dans toutes les conditions, le pauvre est bien proche de l'homme de bien, et l'opulent n'est guère éloigné de la friponnerie. Le savoir-faire et l'habileté ne mènent pas jusques aux énormes richesses.

Jean de la Bruyère, *Caractères*, livre VI, 1687.

……………………………………………………………………………

……………………………………………………………………………

……………………………………………………………………………

……………………………………………………………………………

……………………………………………………………………………

……………………………………………………………………………

……………………………………………………………………………

……………………………………………………………………………

……………………………………………………………………………

31 LITTÉRATURE D'IDÉES **Analysez l'expression de la négation dans ce passage.**

Peu faite au langage que l'on tient aux Rois, je n'emploierai point l'adulation des Courtisans pour vous faire hommage de cette singulière production. Mon but, Madame, est de vous parler franchement […].

Olympe de Gouges, *Déclaration de la femme et de la citoyenne*, « La dédicace à la reine », 1791.

……………………………………………………………………………

……………………………………………………………………………

……………………………………………………………………………

……………………………………………………………………………

……………………………………………………………………………

……………………………………………………………………………

……………………………………………………………………………

……………………………………………………………………………

32 LITTÉRATURE D'IDÉES — **Entraînement à l'oral**

Répondez à la question, puis accédez à la vidéo du corrigé à l'aide du flashcode ou du lien suivant.

www.lienmini.fr/grev-040

Analysez la portée de la négation dans ce passage.

Nul ne les réveillait, nul ne les forçait ni à boire ni à manger, ni à faire quoi que ce soit. Ainsi l'avait voulu Gargantua. Ils n'avaient pour seule règle que cette clause : *Fais ce que tu voudras.*

François Rabelais, *Gargantua*, 1534, traduit par Gérard Milhe-Poutingon, coll. Classiques & Cie Lycée, © Éditions Hatier, 2012.

Le lexique 2de / 1re — Méthode

→ Pour répondre à une question portant sur le **lexique**, il faut :

- tantôt expliquer le procédé de **formation des mots** (dérivation, composition, conversion, abréviation, télescopage, emprunt) ;
- tantôt analyser les **relations de sens entre les mots** (synonymie, antonymie, polysémie, homonymie, paronymie) ;
- tantôt **définir le mot en langue** (définition du dictionnaire) **et en contexte** (dans la phrase, dans le texte étudié).

33 LITTÉRATURE D'IDÉES **Analysez la formation des mots soulignés.**

Selon le thème et la leçon de cette lecture, il arrivait souvent à Gargantua de révérer, adorer, prier et implorer le bon Dieu, lorsque le passage lu en montrait la majesté et l'extraordinaire jugement. Puis il se rendait aux toilettes afin d'éliminer le produit des digestions naturelles.

François Rabelais, *Gargantua*, 1534, traduit par Gérard Milhe-Poutingon, coll. Classiques & Cie Lycée, © Éditions Hatier, 2012.

34 ROMAN-RÉCIT **Transformez cette phrase en utilisant des synonymes des mots soulignés.**

Ah ! ma bien-aimée, entends le terrible, le fatal, l'insolent mot de l'imbécile La Fayette à son maître, à son roi : Il est trop tard !

Honoré de Balzac, *Mémoire de deux jeunes mariées*, 1841.

35 THÉATRE **Expliquez le sens du nom souligné et remplacez-les par un synonyme.**

THOMAS DAFOIRUS. – Mademoiselle, ne plus ne moins que la statue de Memnon rendait un son harmonieux, lorsqu'elle venait à être éclairée des rayons du soleil, tout de même me sens-je animé d'un doux transport à l'apparition du soleil de vos beautés.

Molière, *Le Malade imaginaire*, II, 5, 1673.

36 POÉSIE **Expliquez la polysémie du nom souligné dans cette phrase.**

Mon verre s'est brisé comme un éclat de rire

Guillaume Apollinaire, *Alcools*, « Nuit rhénane », 1913.

37 THÉATRE — **Entraînement à l'oral**

Répondez à la question, puis accédez à la vidéo du corrigé à l'aide du flashcode ou du lien suivant.

www.lienmini.fr/grev-041

Expliquez avec quel autre mot le nom commun souligné peut être confondu. Transformez la phrase en remplaçant le nom souligné par un synonyme.

DUBOIS. – Bagatelle ! Dorante n'a vu Marton ni de près ni de loin ; c'est le procureur qui a débité cette fable-là à Marton, dans le dessein de les marier ensemble.

Marivaux, *Les Fausses Confidences*, II, 12, 1738.

Corrigés

Seuls figurent ici les corrigés des exercices mentionnés en haut de chaque fiche.

1 Les classes grammaticales p. 4

1. a. Locution prépositionnelle = « après » (préposition).
b. Locution conjonctive = « comme » (conjonction).
c. Locution adverbiale = « aussitôt » (adverbe).

2 Les fonctions grammaticales p. 5

3. **Compléments du nom :** « de ton neveu Rhédi » ; « de voir l'Italie » ; « de son voyage » ; « de ta vieillesse ». **Attributs du sujet :** « de s'instruire » ; « de se rendre par là plus digne de toi ». **Compléments de l'adjectif :** « de toi ». **COI :** « d'avoir un neveu qui sera quelque jour la consolation de ta vieillesse ».

4 Les accords entre le sujet et le verbe p. 7

7. a. Chaque enfant est / on enseigne / on gagne. b. on jette / qui vont / qui marchent. c. l'école change / l'ignorance transforme.

5 Les accords du participe passé avec et sans auxiliaire p. 8

10. « ont dépeuplé » ; « les mondes réveillés » ; « des temps passés » ; « les anges mutilés ».

6 Le participe passé des verbes pronominaux p. 9

13. a. Nous nous sommes donné. b. la brume s'était dissipée. c. Les mâts se sont effondrés. d. Mes bras se sont détendus. e. Elles se sont acheté.

7 Les modes et les temps p. 12

1. **Indicatif présent :** « est », « importe » et passé simple : « fûtes ».
Subjonctif présent : « veuille » et passé : « ait mordu ».
Impératif présent : « fermez », « tirez », « soufflez », « tournez ».

8 Les valeurs des temps de l'indicatif p. 14

6. a. Le passé simple est le temps dominant dans cet extrait. Il est utilisé pour les actions de 1er plan du récit. b. « se couche », « sors » et « donne » expriment l'habitude. « vient de » exprime le passé proche.

9 La concordance des temps à l'indicatif p. 15

8. a. Verbe de la principale au présent, verbe de la subordonnée au futur antérieur. Rapport temporel : postériorité. b. Verbe de la principale au présent, verbe de la subordonnée au présent. Rapport temporel : simultanéité. c. Verbe de la principale au présent, verbe de la subordonnée au passé composé. Rapport temporel : antériorité.

10 La concordance des temps au subjonctif p. 16

11. a. Temps et mode du verbe de la principale : présent de l'indicatif ; temps et mode du verbe de la subordonnée : présent du subjonctif ; rapport temporel : simultanéité. b. Temps et mode du verbe de la principale : imparfait de l'indicatif ; temps et mode du verbe de la subordonnée : imparfait du subjonctif ; rapport temporel : postériorité.

11 La voix active et la voix passive p. 17

14. a. 1. « fut prononcé » ; « être signé ». 2. « être tenue ».
b. Le groupe prépositionnel en gras n'est pas un complément d'agent mais un CC de moyen. De plus, le verbe « avez cultivée » n'est pas à la voix passive.

12 Phrase, simple, phrase complexe p. 20

1. Phrase 1 : 1 proposition, phrase simple ; phrase 2 : 1 proposition, phrase simple ; phrase 3 : 2 propositions, phrase complexe ; phrase 4 : 1 proposition, phrase simple ; phrase 5 : 1 proposition, phrase simple ; phrase 6 : 2 propositions, phrase complexe.

14 Les subordonnées relatives p. 24

1. a. « dont on se rappelle immédiatement les paroles » : complément de l'antécédent « une chanson ». b. « Ce qui allait lui arriver » : sujet de « paraissait ». c. « qui s'intéresse » : complément de l'antécédent « quelqu'un » ; « ce que je fais » : COI de « s'intéresse ».

15 Les subordonnées conjonctive et interrogative indirecte p. 25

4. a. « qu'un gouvernement puisse me forcer à prendre part à une entreprise que je considère comme un crime, comme une trahison de la vérité ». b. « que tout devrait se dérouler normalement, comme autrefois ». c. « que nous les bernons ».

16 Les subordonnées circonstancielles de temps p. 26

7. a. aussitôt que paraîtrait le cardinal. b. chaque fois qu'il passait près d'elle. c. lorsqu'il sentit qu'on lui touchait légèrement l'épaule.

17 Les subordonnées circonstancielles de cause, de conséquence et de but p. 27

10. a. Faites que le rêve dévore votre vie/afin que la vie ne dévore pas votre rêve./(**A. de Saint-Exupéry**) b. On avait enlevé,/pour qu'il s'y installât/, les têtières en dentelle des fauteuils, relevé le tapis et mis de côté les objets fragiles. (**Alain-Fournier**)
« dévore » et « installât » sont au subjonctif.

18 Les subordonnées circonstancielles de condition p. 28

13. 1. « Si vous voulez me suivre » ; « au cas où une voie d'eau se fût déclarée » : « voulez » : présent de l'indicatif ; « se fût déclarée » : subjonctif plus-que-parfait (= se serait déclarée).
2. « Si tu veux être aimé » ; « Si l'effort est trop grand pour la faiblesse humaine/De pardonner les maux qui nous viennent d'autrui » ; veux » et « est » sont au présent de l'indicatif.
« À défaut du pardon » → « Si tu ne veux/peux pas pardonner, laisse venir l'oubli ».

19 Les subordonnées circonstancielles d'opposition et de concession p. 29

15. a. « Quoiqu'il n'entrât pas dans les idées du généreux gentilhomme de solliciter des grâces ». b. « tandis que sa philosophie ne peut aboutir qu'à la paix ». c. « Sans que jamais Titus puisse voir Bérénice » ; « Sans que de tout le jour je puisse voir Titus ». d. « Bien que la nouveauté amène parfois la crainte ».

20 Les subordonnées circonstancielles de comparaison p. 30

18. a. « comme ils devraient être » ; « qu'ils sont ».
b. « que l'ont ceux en qui vous ne trouvez aucun esprit ».
c. « ainsi qu'ils jouaient ensemble autrefois ».

21 Les subordonnées infinitives et participiales p. 31

21. a. « ayant laissé tomber quelques gouttes d'eau » ; sujet : « un gros nuage » ; exprime la cause. b. « les préparatifs étant terminés » ; sujet : « les préparatifs ; « les grandes malles fermées » ; sujet : « les grandes malles » ; expriment le temps. c. « Les vacances arrivant » ; sujet : « Les vacances » ; exprime la cause.

22 L'interrogation directe totale p. 34

1. a. Cette digne négociation **est-elle** le vrai devoir d'une Reine ?
b. Tous les cœurs se **rallieront-ils** autour de la patrie pour la défendre ? c. Tout bon Citoyen **sacrifie-t-il** sa gloire, ses intérêts, quand il n'a pour objet que ceux de son pays ?

23 L'interrogation directe partielle p. 35

4. a. Qui / qui. b. Que. c. Quand. d. Où / où.

25 La pragmatique de l'interrogation p. 37

9. Interrogations véritables, qui reçoivent une réponse : phrases b. et c. Valeur déclarative : phrase d. (= « je n'ai pas une tête…). Valeur injonctive : phrases a. (= « Crois en moi ») et e. (= « essayons de nous aider… »).

26 La phrase négative p. 40

1. « ne » + « jamais » = adverbes de négation ; « n' » = adverbe de négation + « rien » = pronom indéfini ; « ne » + « pas » = adverbes de négation.

27 La négation lexicale p. 42

6. a. fortunée. **b.** Heureux ; savez. **c.** approuverez.

28 La pragmatique de la négation p. 43

10. a. négation descriptive. **b.** négation polémique.

30 Les discours rapportés p. 48

4. a. Discours direct dans les répliques. Incises avec verbes de parole et de pensée : « reprit-il », « pensa Raphaël ». Phrases interrogative, exclamative et déclarative. Interjection (« Ah ! ») et apostrophe (« monsieur »). Verbes au présent de l'indicatif, au conditionnel. **Discours indirect :** « en lui demandant le moyen d'agir sur le talisman », qui transpose une phrase injonctive du discours direct, qui serait : « Dites-moi comment agir sur le talisman ». **b. Discours direct :** verbe de parole (« disait »), guillemets, présent de l'indicatif. **Discours indirect :** verbes de parole (« prétendaient », « affirmaient ») suivis d'une conjonctive complément d'objet introduite par « que », imparfait de transposition (à la place présent au discours direct). **c. Discours indirect :** subordonnée interrogative indirecte introduite par « si » interrogatif, complément de « demandai », transpositions de temps (plus-que-parfait, imparfait). **Discours narrativisé (résumé) :** « Je lui rappelai des propos […] les généraux à venir ». Discours direct : guillemets, incise (« lui disais-je »), présent de l'indicatif).

31 La formation des mots (dérivation, conversion, composition) p. 52

1. Dérivation : reposa. **Composition :** coupe-ongles, arrache-cœur, extraordinaire. **Conversion :** sortir.

32 Les relations de sens entre les mots p. 54

8. a. malheureux. **b.** méprisable. **c.** pitoyable. **d.** pauvres. **e.** lamentable.

33 Les figures de construction p. 58

1. a. « Montrerons-nous le ciel à la Mélancolie ?/Suivrons-nous le chasseur sur les monts escarpés ? » Parallélisme → deux phrases interrogatives directes à la 1re personne du pluriel du futur : verbe + sujet inversé + GN + G. Prép. **b.** « Lucien avait beaucoup lu, beaucoup comparé ; David avait beaucoup pensé, beaucoup médité. » Parallélisme → juxtaposition de deux propositions construites sur le même modèle syntaxique : nom propre sujet + avoir + beaucoup + part. passé (x 2). **c.** « Non…Non… ça ne m'intéresse pas ! » ; « Non, ça ne m'intéresse pas » ; « Ça ne m'intéresse pas ! » Répétition de « non » et de « ça ne m'intéresse pas » (3 fois).

34 Les figures de ressemblance et de correspondance p. 59

4. a. « comme le feu de l'Enfer » : comparaison introduite par « comme » ; comparé : « ton rire » ; comparant : « le feu de l'Enfer » ; point de comparaison : crépitement du feu (et) du rire (mise à distance du rire, autodérision). « Les étincelles de ton rire dorent » : métaphore qui file sur la comparaison précédente : comparaison implicite, pas d'outil de comparaison. **b.** « ces éclairs de son visage » : métaphore : la lumière émanant de son visage est comparée implicitement à des éclairs.

35 Les figures d'amplification p. 60

7. a. « piaillaient, beuglaient, hurlaient » ; « de cris, de détonations de cuivre et d'explosions de fusées » ; « lumière, poussière, cris, joie, tumulte » : les gradations marquent une accumulation soulignant l'agitation du lieu. **b.** « infinie » ; « ce que j'adore » : les hyperboles montrent la force de l'amour de Dorante. **c.** « d'esprits droits, de cœurs sensibles, de bons citoyens » : l'énumération méliorative marque l'espoir de l'autrice d'une nation meilleure.

36 Les figures d'opposition et d'atténuation p. 61

9. a. « Je l'aime, je le fuis ; Titus m'aime, il me quitte » : série d'antithèses : « je » *vs.* « Titus » ; « le » *vs.* « me » ; « aime » *vs.* « fuis » ; « aime » *vs.* « quitte ». **b.** « Félicite-toi maintenant de la durée de ton triomphe » : antiphrase : le personnage pense le contraire de ce qu'il dit et l'ironie est renforcée par l'allusion à Hannibal. « Tu sais vaincre assez rapidement […] mais tu ne sais pas conserver tes conquêtes. » : antithèse renforçant et explicitant l'antiphrase. **c.** « je vais bien le recevoir » : antiphrase expliquée par la phrase suivante (« il fallait comprendre tout le contraire »). **d.** « La profusion des choses » ; « la rareté des idées » : antithèse « profusion » *vs.* « rareté » ; « choses » *vs.* « idées ».

Méthode BAC p. 69-70

1. A Réponse 3. **B** Réponse 2. **2.** Le verbe s'accorde en nombre et en personne avec le sujet. Ici, le verbe « cueille » s'accorde avec son sujet, le pronom personnel « on », en nombre (singulier) et en personne (3e personne). Le verbe « pleurent » s'accorde avec son sujet, le pronom relatif « qui ». Pour connaître le nombre et la personne, il faut se référer à son antécédent, ici « Le vent et la forêt » (sujet multiple, pluriel, 3e personne). **3. A** On relève deux interrogations directes partielles (on ne peut pas répondre par « oui » ou par « non ») : « pourquoi t'aurais-je écrit ? » et « que t'eussé-je dit ? ». La première est introduite par l'adverbe interrogatif « pourquoi », la seconde par le pronom interrogatif « que ». Il s'agit de questions rhétoriques : Renée de l'Estorade répond au reproche de Louise de Chaulieu qui aurait aimé qu'elle lui écrive, comme le montre l'exclamation injurieuse « Impertinente ! » **B** La proposition principale est « Alexandre s'aperçut ». Le verbe noyau de la principale, « s'aperçut », est complété par une proposition subordonnée conjonctive COD (« que la fureur du cheval ne venait que de la frayeur […] son ombre »). Elle est introduite par une conjonction de subordination (« que ») qui n'a aucune fonction dans la phrase. La proposition subordonnée circonstancielle de temps, « alors qu'il se trouvait dans l'hippodrome » exprime une simultanéité avec la proposition principale. Elle est introduite par une conjonction de subordination (« alors que ») qui n'a aucune fonction dans la phrase. Cette proposition est déplaçable et supprimable. Enfin, la proposition « que lui causait son ombre » est une proposition relative adjective, complément de l'antécédent « frayeur », incluse dans la conjonctive. Elle est introduite par un pronom relatif (« que »), qui a une fonction dans la proposition relative : COD du verbe « causait ». **4.** Les deux premières propositions de cette phrase complexe sont liées par subordination ; la troisième est une proposition indépendante juxtaposée :

– « les enclos ne réclamaient pas de mystère » est la proposition principale …

– … dans laquelle est insérée une proposition subordonnée relative, « qui jouxtaient le nôtre » ; elle est introduite par un pronom relatif « qui » dont l'antécédent est le nom « enclos » ;

– la proposition « la déclivité du sol, des murs hauts et vieux, des rideaux d'arbres protégeaient notre « jardin d'en haut » et notre « jardin d'en bas » » est une proposition indépendante ; elle est juxtaposée (par les deux-points) aux deux autres propositions.

Couverture : Marie-Astrid Bailly-Maître
Création maquette intérieure : Stéphanie Hamel
Mise en pages : Stéphanie Hamel, Nord Compo
Directrice éditoriale : Agnès Botrel
Responsable éditoriale : Mathilde Lahoute
Coordinatrice éditoriale : Marie Maunier

Distinguer les tonalités littéraires

La **tonalité d'un texte** permet de susciter des **effets** (impressions, émotions) sur le lecteur en recourant à des **procédés caractéristiques**. Le plus souvent, plusieurs tonalités se combinent dans un texte littéraire.

→ La tonalité d'un texte sert souvent de point de départ pour l'**analyse littéraire** : identifier les tonalités dominantes permet de saisir l'intention de l'auteur, le regard qu'il porte sur le thème du texte et le lien qu'il cherche à établir avec le lecteur.

	Tonalités	Procédés caractéristiques
INSTRUIRE	**didactique** : cherche à **délivrer un enseignement**, à **susciter la réflexion**.	• arguments et exemples permettant d'instruire le lecteur ; • lexique technique, données scientifiques (statistiques, lois scientifiques) ; • organisation logique du propos ; • propos formulé sans emphase, sans exagération ; • énumérations, accumulations pour insister sur la thèse développée.
AMUSER	**comique** : cherche à **faire rire ou sourire**.	• comique de mots : jeux sur les mots, calembours, jargons, niveaux de langue ; • comique de répétition : répétitions mécaniques de mots ou situations ; • comique de gestes : insistance sur les gestes, les mouvements ; • comique de caractère : mise en évidence de comportements et de caractères caricaturaux ; • comique de situation : quiproquos, retournements de situation ; • effets de chute, de rupture, de décalage (ironie par antiphrase) ; • imitation burlesque (sujet sérieux traité dans un style bas).
AMUSER / DÉNONCER, CRITIQUER	**satirique** : cherche à **dénoncer un travers** de l'individu ou de la société, en le **caricaturant**.	• procédés d'exagération et d'insistance (caricature, hyperbole, accumulations, etc.) ; • ironie par antiphrase ; • procédés des tonalités comiques et polémiques.
DÉNONCER, CRITIQUER	**polémique** : cherche à **discréditer une personne, un groupe, une institution ou une idée** en s'y **attaquant directement et avec force**.	• champs lexicaux de la révolte et de l'indignation ; • marques de la première personne (celui qui s'indigne) et de la deuxième personne (celui qui est attaqué) ; • procédés de dévalorisation (métaphores dépréciatives, ironie par antiphrase, caricature d'une position ou d'un propos), figures d'exagération et d'insistance (hyperboles, accumulations, etc.) ; • invectives, attaques directes, apostrophes ; • procédés argumentatifs (arguments, exemples, procédés rhétoriques divers) ; • effet de rythme, pour prendre de court l'adversaire et l'auditoire.
SUSCITER LES EMOTIONS	**épique** : principalement dans l'épopée, et dans les romans héroïques, vise à **susciter l'admiration pour le héros**.	• champs lexicaux de l'héroïsme, de l'exploit ; • procédés d'insistance et d'amplification (hyperboles, gradations, superlatifs, adverbes intensifs) ; • vocabulaire mélioratif pour présenter le héros ; • procédés d'opposition et de contraste permettant d'opposer le héros à ses adversaires.
SUSCITER LES EMOTIONS	**pathétique** : cherche à **susciter la pitié**.	• champs lexicaux des émotions (souffrance, pitié, peur ...) ; • procédés d'exagération qui amplifient la souffrance (hyperboles, accumulations, etc.) ; • phrases exclamatives, questions rhétoriques, apostrophes et interjections ; • ponctuation expressive ; • questions rhétoriques.
SUSCITER LES EMOTIONS	**tragique** : se rencontre principalement dans les tragédies. Elle montre des personnages aux prises avec un destin inéluctable et cherche, ainsi, à **provoquer la terreur et la pitié**.	• champs lexicaux de la mort, du destin, de la fatalité ; • ironie tragique (effet de décalage entre ce que sait le spectateur, conscient du destin fatal du personnage, et l'ignorance de ce personnage qui cherche à échapper à son destin) ; • procédés de la tonalité pathétique.
SUSCITER LES EMOTIONS	**lyrique** : **exprime de façon musicale des sentiments personnels**.	• champs lexicaux des sentiments et des émotions (notamment l'amour, les regrets, la nostalgie, en particulier face au temps qui passe ou face à la grandeur de la nature) ; • marques de la première personne ; • phrases exclamatives, questions rhétoriques, apostrophes et interjections ; • ponctuation expressive ; • musicalité (assonances, allitérations) et rythme (anaphores, etc.).

Achevé d'imprimer en Août 2023, par Pollina - France - 29423
Dépôt légal : Avril 2022
MAGS120230514